篱落◎编著

李煜词传

问君能有几多愁

应急管理出版社

·北 京·

图书在版编目（CIP）数据

李煜词传：问君能有几多愁／篱落编著 . – – 北
京：应急管理出版社，2019
ISBN 978 – 7 – 5020 – 7791 – 4

Ⅰ . ①李… Ⅱ . ①篱… Ⅲ . ①李煜（937 – 978）—
传记 ②李煜（937 – 978）—词（文学）—诗歌欣赏 Ⅳ .
①K827 = 432 ②I207. 23

中国版本图书馆 CIP 数据核字（2019）第 251731 号

李煜词传
——问君能有几多愁

编　　著　篱　落
责任编辑　高红勤
封面设计　吕佳奇

出版发行　应急管理出版社（北京市朝阳区芍药居 35 号　100029）
电　　话　010 – 84657898（总编室）　010 – 84657880（读者服务部）
网　　址　www. cciph. com. cn
印　　刷　三河市越阳印务有限公司
经　　销　全国新华书店

开　　本　880mm × 1230mm$^1/_{32}$　印张　6　字数　130 千字
版　　次　2019 年 12 月第 1 版　2019 年 12 月第 1 次印刷
社内编号　20192561　　　　　　定价　29. 80 元

序 / 梦里不知身是客

　　"梦里不知身是客，一晌贪欢。独自莫凭栏，无限江山，别时容易见时难。流水落花春去也，天上人间。"一个俊美的男子，在夜晚独自凭栏远眺，口中喃喃着这样的诗句。他的头上有一轮明月，高高地悬挂在天空中。

　　他是才子，是帝王，亦是亡国之君。

　　后人的纸笔间，总有他落寞悲凉的身影，有他坎坷波折的人生传奇，有他的疏狂豪迈，也有他的悲凉叹息。

　　他轻而易举地得到了别人费尽心机都得不到的皇位，却百般不情愿地被迫登基。

　　他自称"钟峰隐者""钟山隐士""莲峰居士"，本意是游山玩水，度过闲云野鹤、悠然自得的一生。

他已经娶了心爱的娥皇，两人一起谈论琴棋书画，夫妻二人一唱一和，好似神仙眷侣。

只是，命运与他开了个残忍的玩笑，原是一个才华横溢的少年郎，却无奈地背负上了南唐家国的沉重期望。

他，就是南唐后主李煜。

李煜，南唐国最后一位君主，生于937年，终于978年，享年41岁。他精书法、工绘画、通音律，诗文均有一定的造诣，以词的成就为最高。

他原本只想在这繁华热闹的世界里做一个词人，凭借优美的诗词，在文学史上留下他光辉灿烂的名字。但造化弄人，无奈之下登上南唐皇帝的宝座，卷入了那乱世硝烟之中。

命运虽然捉弄他，但也宠爱他。

李煜有五个哥哥，身为六皇子的他，从未奢望过皇帝的冠冕有朝一日会落在他的头上。

长兄李弘翼身为元宗李璟的嫡长子，为了坐上皇位，甚至做出杀害亲叔父李景遂这等大逆不道的事。李煜听到这个消息后惶恐不安，愈加想要远离权势的纷争。却不承想，自己的长兄李弘翼竟然是个有心无胆的人，在杀害自己的叔父之后，终日惶惶不已，总感觉叔父的鬼魂会在半夜前来索他的命，惊恐担忧之下，不久就离开了人世。

李煜的其他几位兄长福薄命短，未及成年，便早早地离世了。皇帝之位，最终落到他的头上。即使李煜毫无帝王之心，只想活得简单尽兴，现实却逼得他不得不快速成长。

在情感方面，李煜算是幸运的。他与政治联姻的娥皇过得幸福快乐，尔后遇见的小周后依旧幸福美满。

只是快乐的时光并不是很长。

在这期间，南唐国步履维艰，变成后周的附属国。李煜的挚爱娥皇因病早早去世，紧接着，他的母亲钟太后也撒手人寰。

南唐国的政治形势日益严峻，整个国家已经病入膏肓，再也无力回天。如下棋般，一步错，步步错，到最后，李煜向宋王朝俯首称臣，沦为了落魄的亡国之君。

在汴京身为囚徒的岁月，坎坷而又有些不堪的他，整日借酒浇愁、醉生梦死，日日生活在自己的回忆之中。

花开花谢终有时，他的结局忧伤而又悲惨。在宋太祖赵匡胤去世，宋太宗赵光义即位期间，他被赵光义用"牵机药"毒死，死时年仅 41 岁。

倘若他只是一位王侯贵胄，富家子弟；又或者是一介布衣，狂妄书生，舞文弄墨、满腹经纶，也许能够愉快地度过这一生。可世事无常，命运改写不了他出身于皇族的事实，也改变不了他成为皇帝的事实。

世上的很多事情不可解，也说不明白，更道不清楚。

或许他的皇位，就是为了成就他词人的一生。

他的那些痛苦经历、家仇国恨等造就了他诗词的深度与广度，让他写出了被历史铭记和众人喜欢的诗词。没有这些大彻大悟的痛，或许他就不会成为绝世词人。

这到底是命运的捉弄，还是成全？

当事者在故事中苦苦地挣扎着，为爱恨情仇、为家国天下哭着、笑着、叹息着。他的是非功过，都留给后人去议论、去评说。

目录

第一卷

乱世纷争

乱世之争，狼烟四起，胜者王，败者寇。各方势力你方唱罢我登场，如雨后春笋般，纷纷建立起属于自己的国家。这些国家最长的存活了六十余年，最短的不过十一年。用一个"乱"字来概括当时的社会环境，恐怕再合适不过了。

开国之君李昪

　　唐王朝灭亡后，中国历史上又迎来了一个乱世之局——五代十国。五代是指唐王朝灭亡后依次定都于中原地区的五个朝代，它们分别是后梁、后唐、后晋、后汉和后周。十国则是在唐末、五代及宋初，中原地区之外存在的割据政权，其中前蜀、后蜀、南吴、南唐、吴越、闽、楚、南汉、南平（荆南）、北汉等十余个割据政权被后世史学家统称为十国。

　　这诸多割据势力你方唱罢我登场，最长的存活了六十余年，最短的不过十一年。用一个"乱"字来概括当时的社会环境，恐怕再合适不过。

　　有无数人在这乱世之中被历史封存，也有无数人被历史铭记。记住的，又岂是野心那么简单；记不住的，又岂能全凭运气来否定。

　　李昪，他便是一个被历史印记所眷顾的人，从数万人之中脱颖而出，最终成为南唐的开国之君。李昪在没成为君王之前，他只是一个小到可以被忽略的人物，又似大地上一粒被人无视的尘埃。

　　李昪小名彭奴，出身卑微，六岁的时候与父亲李荣在战乱中走失，不久后，母亲刘氏病死。失去双亲后，他彻底沦为了一个弃儿，终日在濠州与泗州一带流浪，过着衣不蔽体、食不果腹的生活，受尽了众人的白眼。

　　这个幼小的孩子，生活在纷乱的年代里，考虑的是如何生存下去，如何才能填饱肚子，如何有一个可以让他安心栖身的场所。对于未来能否成为一个君王，他想都没想过。

　　彭奴的愿望很简单，那就是想有一个温馨的家，能吃饱饭，每天有亲人的一句问候，这样就足够了。这个愿望，跟晚他几百年的明朝开国之君朱元璋非常相似。可惜即使是这样简单的心愿，在乱世浮沉里，也如登天般艰难。

　　但真实的境地又是怎样的呢？寺庙是他能够找到的唯一温暖的地方，一日三餐只能靠粥来填饱肚皮，身处风雨飘摇之中，没有人会给他多余的怜爱。他在尘世间摸爬滚打，看惯了冷眼，也练就了一身的坚强。

有些人，生来只需要一个机会。而彭奴的转机，在吴太祖杨行密攻打濠州的那一年出现了。

杨行密遇到了彭奴，把他收为养子。但其过程却并不算顺利，彭奴遭到了杨行密儿子们的一致排挤。杨行密无奈之下，只好把彭奴托付给自己的部将徐温收养，徐温为其取名为徐知诰。

无法说清杨行密为何要收养彭奴，又为何在万千流浪儿中独独相中了他。或许这不是巧合，而是天意，也是彭奴所要肩负使命的开始。

抛去种种猜测不谈，有一点可以确定的是，肯定是彭奴身上的某种特质深深地吸引了杨行密，让杨行密觉得彭奴不是一般的孩童。因为彭奴眼睛里折射出来一种光，它是能普润大地的光泽，所以杨行密才相中了这个流浪儿。

拥有了新身份的徐知诰，深刻地知道机会来之不易。他一定要紧紧抓住这个可以改变他命运的机会，要不顾一切地向上爬。因为只有努力，才可以改变他的现状，才可以改写他一生的命运。

徐知诰非常刻苦，文能诗书，武能骑射，而且他身材魁梧，方额隆准，声如洪钟。杨行密曾毫不吝啬地赞赏他："知诰俊杰，诸将子皆不及也。"

他也深得徐温夫妇的欢心。这个"外来子",甚至比他们的亲生儿子还要温驯乖巧,既懂礼貌又谦卑,怎能不得他们的欢心呢?

公元 905 年,杨行密去世。

杨行密去世之后,徐温逐渐掌握了南吴的大权。养子徐知诰也跟着徐温一起,开始了辉煌的戎马生涯。

骁勇善战的徐知诰成了徐温的得力助手,而战争也给了徐知诰施展才华的机会。在那个时代,只要你有本领,即使你的出身比别人低下,你也可以在泥泞里鹤立出来,超越别人。

每立一次战功,徐知诰的野心就会膨胀一点。在效忠的同时,他也不忘告诉自己,一定要变得更强大些,让自己在这乱世之中,有一份安身立命的尊严。

909 年,徐温遥领升州(今江苏南京)刺史,任命徐知诰为升州防遏使兼楼船副使,在升州治理战舰。

910 年,徐知诰任升州副使,知州事。

912 年,徐知诰随柴再用攻打宣州(今安徽宣城)李遇,因功升任为升州刺史。当时,江淮地区刚刚平定,地方长官多是武夫出身,只知道搜刮民财来供养军队。而徐知诰则与众不同,他勤俭好学，重视儒生，宽仁为政，因而得到了民众的赞誉和拥护。

914年，徐知诰任检校司徒。

915年，时任镇海节度使的徐温被任命为两浙都招讨使，出镇润州（今江苏镇江），统辖升州、润州、常州、宣州、歙州、池州（今安徽贵池），其子徐知训留在广陵（今江苏扬州）辅理朝政。

917年，徐温见升州富庶，便将镇海军治所迁到升州，改封徐知诰为检校太保、润州团练使。徐知诰要求到宣州为官，却被徐温拒绝，心中很是不高兴，后来在宋齐丘的劝说之下，方才到润州赴任。

918年，徐知训被大将朱瑾所杀，徐知诰在润州得知消息后，抢先赶到广陵平乱，随后因功出任淮南节度行军副使、内外马步都军副使，从而控制了南吴的朝政。

徐知诰执政后，为了收揽民心，采用宽缓刑法、推广恩信的方法，还建造延宾亭用以接待四方之士。宋齐丘、骆知祥、王令谋等人都成了他的重要谋士，其他凡有流落在其境内的士人，他也都会加以任用。他还经常派人到民间了解百姓疾苦，遇有婚丧匮乏的，他便设法予以周济，因此赢得了人们的好感。

这时，"温虽遥秉大政，而吴人颇已归异"。

919 年，杨隆演称吴国王，任命徐温为大丞相，徐知诰为左仆射、参知政事兼治内外诸军事。

921 年，徐知诰被吴王杨溥任命为同平章事，遥领江州（今江西九江）观察使。不久，南吴升江州为奉化军，任命徐知诰为奉化军节度使。

927 年，徐温病死。徐知诰拥吴王为大吴皇帝，因拥立之功，他被封为齐王，掌握吴国十州之地。

如果说徐温在世时，徐知诰还有所顾忌，那么徐温死后，徐知诰的顾忌便彻底地解除了。杨行密、徐温的儿子们，一个个被他拔掉了羽翼。因为他知道，若想走上更高的位置，那就不能有妇人之仁。

937 年，48 岁的徐知诰被身边的谋士推上帝王之位，以齐为国号。

938 年，徐知诰改国号为唐，史称南唐，他恢复李姓，名昪。

从流浪儿到南唐国的君王，徐知诰花了数十年时间。虽然时间长了些，但一切都是值得的。

枭雄辈出的时代，乱世纷争的时代，机会是公平的。任何人，不论出身，只要你有能力，你就能引领一个时代。

　　自此，五代十国的历史上，南唐留下了重要的一笔。而这个国家，今后又会有怎样的命运呢？它能否在纷乱的时代中雄霸天下呢？

中主李璟

公元 943 年，李昪因服丹药中毒，背上生疮，流脓不止，在升元殿中去世。李昪去世三日后，皇太子李璟登基，年号由升元改为保大。

历来皇位之争，都少不了腥风血雨。但李璟的登基却风平浪静，颇为顺利。因为早在升元四年（940 年）八月，他就被李昪立为了皇太子，对于他的登基继位，众人无异议。

李璟登基那年，二十八岁。他尊奉其母宋氏为皇太后，妃钟氏为皇后。封弟寿王李景遂为燕王，宣城王李景达为鄂王，李景逷以前没有封王，此时被封为保宁王。同年秋天，改封李景遂为齐王、诸道兵马元帅、太尉、中书令，李景达为燕王、副元帅。封其子李弘冀为南昌王、江都尹。

穿龙袍，带冕冠，这意味着什么呢？这意味着他将肩负起治理国家的重任，手中握着的不只是皇权，还有百姓的富贵和安康。

父亲李昪在位时，功绩是不可磨灭的。他大力发展社会生产，推动男耕女织的小农经济发展。兴科举，大力普及教育，建学校，使得南唐的综合国力比同一时代的诸国都要强盛许多。而且南唐地处优越的地理位置，加之风调雨顺、国泰民安，因此国力十分雄厚。

此外，南唐的疆域辽阔，广袤千里，应有尽有。在战争年代，李昪还采取措施安置流民，使得南唐人丁兴旺、民心团结。

在这乱世，创业容易守业难。南唐一国发展至今，很是不易，是无数先辈用鲜血和汗水换来的。李昪在位时，时常叮嘱李璟以后要小心翼翼地守护南唐的疆土，切不可盲目扩张；要以保全实力为要务，先生存，待诸国处于劣势时，再乘机扩张疆土。

但李昪怎么也没有想到，自己的长子李璟居然这样天真，他对战争的残酷没有真切的认识。南唐风调雨顺，百姓丰衣足食，众人的吹捧让李璟花了眼，年少轻狂的他总想创出一番事业，以证明自己不是靠其父李昪才登上皇帝宝座的。

有人向李璟进言，夸赞李璟的治世方针，说在他的治理下，百姓富足，南唐更是蒸蒸日上。然而偏守一隅，不是大国之风，更何况眼下的形势，并不是你不侵犯他国，他国便不会来侵犯你的。

也有人进言说就算南唐再怎么讨好诸国，有朝一日，他国还是会对南唐起意，并直接吞并了它。既然如此，不如一不做，二不休，干脆主动出击。环视四周，看哪个小国正处于弱势，趁弱攻取，将它纳入南唐的国土之内，从而一步步地振兴南唐，为统一中原做准备。

李璟一开始是拒绝的，因为他的父亲李昪在位时，曾多次告诫李璟要小心谨慎，守住南唐的基业。而出击他国，不仅会大大损害南唐的实力，甚至还会将南唐的百姓置于水深火热的境地，招致灭国的可能。

然而三人成虎，当身边的人都在吹捧李璟是一代贤君，是时候建功立业，建立属于李璟的丰功伟绩时。李璟也就开始这样相信起来。在这些吹捧下，他渐渐丧失了分辨是非的能力，变得自大和自负了，父亲李昪的教诲早已被他抛诸脑后。

李璟的正室钟皇后对此感到十分担忧，因为南唐不少忠臣都来找过她，让她作为枕边人，多加劝谏李璟。可宫中女子不得干预朝政，钟皇后即使知道得再多，也无能为力。

经过这些年的发展，南唐现今国库充裕，疆土辽阔，治理着 35 个州，人口多达 500 万人。况且南唐国地处江南，自古便是富饶之地。而地处荒凉的诸国，大都民生凋敝，百姓衣不蔽体，食不果腹；饥荒时节，百姓甚至要靠挖野菜、啃树皮来充饥。放眼诸国，没有一个国家有南唐国兴盛。面对这些，南唐国凭什么不能一统中原，做中原之主？因此，保大二年（公元944年），刚登上皇位的第二年，李璟就不顾众大臣的强烈反对，提出了讨伐闽国的打算。

他也算幸运。因为自从长兴四年（933年），王延钧称帝，改元龙启，定国号为大闽后，闽国内部就一直纷争不断。后来，王延羲继位，因为暴虐无道，甚至腐败至卖官鬻爵，又对宗室族人大肆诛杀，其弟王延政多次进谏未果，反遭王延羲斥骂。永隆五年（943年），王延羲从自己控制的建州一地建国称帝，改元天德，国号大殷，内乱再起。永隆六年（944年），连重遇与朱文进再次发动兵变，杀王延羲并对王氏家族进行屠杀，甚至凡王氏在福州者，无论老幼，均被屠杀殆尽。之后，朱文进自行称帝，追加王延羲为景宗。

不久，王延政及外郡的王氏族人联兵反击连、朱二人，泉州守将留从效等官员亦不服从朱文进，并击败朱文进讨伐部队。

泉州、漳州、汀州相继投靠王延政。连重遇见势不妙，又杀死朱文进，欲归降王延政。不久，连重遇亦被部下杀死，殷国全部收复原闽国归地，仍建都建州，以福州为东都，复国号为闽。经过多次的内战，闽国的实力被严重削弱，虽然已经恢复了旧地，但已成强弩之末，不堪一击。

李璟正是在得知闽国内乱后，才想乘机扩张南唐国的疆土，于是派遣大军入侵闽国。保大二年（944年），南唐国以边镐为行营，招讨诸军都虞侯、翰林待诏臧循为谋臣，随枢密副使查文徽率军自洪州（今江西南昌）进取建州。

此时，王延政仍在攻打朱文进控制的福州，但却没有成功。在听闻南唐国大军压境后，于是施疑兵假称南唐国出兵，乃是助他攻取福州，诈福州守将林仁翰杀朱文进出降。

福州守将听信了他的话，杀死朱文进等人而降王延政。王延政得福州后，被拥为闽帝，恢复国号为"大闽"。没过多久，泉、漳、汀诸州的旧将皆率众归降。南唐国大军邻近盖竹（今福建建阳南），得知王延政已取得福州后，不敢再轻举妄动；又听闻闽将张汉卿率兵自镛州（今福建将乐）出发，驰援建州，臧循退屯邵武，查文徽率兵退建州。闽军发现臧循所率大军较弱，于是偷袭臧循军，大获全胜并斩杀臧循。

保大三年（945年）正月，王延政为加强建州防御，令从子王继昌镇守福州，调侍卫军及拱宸、控鹤两都兵前往建州；令仆射杨思恭与统军陈望率兵前往建州，列阵建阳溪南岸以阻截南唐国大军。两军相持十余天，南唐军亦不敢战。

随后，南唐国以何敬洙为建州行营招讨马步都指挥使，祖全恩为应援使，姚凤为都监，率兵经崇安抵赤岭（今福建崇安南），驰援查文徽。

闽将杨思恭见唐军兵少，又立足未稳，即令陈望领兵涉水进击。南唐将领祖全恩以主力当正面，遣奇兵出其后，两面夹攻。陈望战败被杀，杨思恭弃阵而逃。

王延政闻讯大惊，急召董思安等率泉州兵护卫建州。此时李仁达（后改名李弘羲）趁乱窃据福州自立，拥立卓岩明称帝。五月，李仁达又杀死卓岩明，自立为威武留后。同月，南唐军始攻建州，至八月，王延政因孤立无援，城陷而降，闽国灭亡。

李璟分出延平、剑浦、富沙三县，设置剑州，迁王延政家族到金陵。以王延政为饶州节度使、李仁达为福州节度使、留从效为清源军节度使。九月，汀、泉、漳三州陆续归降，南唐国以建州置永安军。南唐国乘势攻福州，不克。

保大四年（946 年），李仁达以福州附吴越。946 年，闽国旧将留从效驱逐南唐国在泉、漳二州的驻军，占据该地，但仍向南唐国称臣。留从效及其后继者占有泉、漳二州，直至北宋建国之后。

保大九年（951 年），李璟又趁机派兵灭楚，占据湖南。他积极插手中原事务，扩张淮河以北的地盘，形成对吴越的全面包围。在开疆拓土政策的指引下，短短几年时间，南唐的疆土便达到了全盛，占据了现今的江西全境和安徽、江苏、福建、湖北、湖南等大部分地区。

胜利的果实虽然得来的很快，但失去的也同样快。南唐大举征服诸多小国，引起北方多个藩镇政权的不满，从而引发战火。

李璟吞并闽国、楚国的战争，已经掏空了南唐国的国库，在劳民伤财的同时，还给南唐国树立了众多的敌人。攻克闽、楚之后，由于能力有限，无法有效地统治两国，维持这些地区的稳定和发展，使得楚国境内的残存势力重整旗鼓，将南唐国的军队赶了出去。闽国又被他国强行占为己有，南唐国的疆土在短短两年时间内又缩水到了原来的面积。

李璟十年的苦心经营，一朝化为乌有。为了对外扩张，满足战争的需要，李璟大量铸造钱币，导致货币贬值，国家经济衰败，百姓苦不堪言。李煜自身又贪图享受，生活奢侈无度，上行下效之下，使得南唐朝廷腐败成风，民不聊生，百姓怨声载道。而且连年的战争加剧了百姓的负担，使原本强盛的南唐国实力不复从前，由胜转衰。

强者生，弱者亡。在那复杂多变的大环境里，不是人人都可以称雄称霸的。李璟到此刻才明白，只靠一颗蠢蠢欲动的心和一张嘴，就想纵横捭阖，就想统一中原，这简直是痴人说梦。很多时候，这种自以为是的结果就是赔了夫人又折兵。

李璟在漫长的硝烟战火中，渐渐懂得了民生安乐的重要性。直到现在，李璟才明白他父亲"不扩张、不称霸、不生事、不打仗"的嘱托，是那时不可求得的奢侈梦。如果只是守着自己的一方国土，或许能保一世平安。此时，他的野心就像泄气的皮球那样，一点一点地松垮了下来。

李璟没有了野心，不代表其他国家的君主也没有了野心。五代十国中，占据中原大片疆域的后周，一心想吞并天下，统一中原。李璟的盲目扩张，引起了后周的注意。

在南唐国向外扩张的时候，中原政权也在经历一场改朝换代。后周迎来了一个很有作为的皇帝——后周世宗柴荣。柴荣在登上皇位之后，定下了"十年拓天下，十年养百姓，十年致太平"的治国方针。他励精图治，整顿军队纪律，在推动国民经济发展的同时，又采取减少赋税等措施。在一系列政策的实施下，后周很快就兴旺了起来，国富民强，军队强悍。基于此，后周开始了扩张之路。

后周首先看重的便是南唐国这个外强中干的国家。当年南唐国进攻闽、楚两国后，实力损耗是毋庸置疑的。但南唐国地理位置优越，土地肥沃，有良好的经济实力，是块令人垂涎的肥肉。

柴荣很快便率领强兵强将，对南唐发起了猛烈的进攻。用时三年，南唐被打得节节败退，失去大片国土。无心抵抗的李璟一步退，步步退。公元 955 年，后周入侵淮南；公元 956 年，后周入侵滁州。

如果说李璟在这之前还有几分锐气的话，那么在经过这几次战役之后，他的锐气几乎被磨没了。几场战役下来，他的部下伤的伤，跑的跑，他的江山变得岌岌可危起来。

为了保全自己的国家，李璟不得不对强大的后周做出让步。他委曲求全，派遣使者前往后周，说他愿意献出贡赋。但却碰了一鼻子灰，被后周所拒。李璟再做让步，主动取消帝号，避周世祖郭璟的讳，改李璟为李景，再次被拒。

李璟接二连三地示好，都被后周所拒后，依旧变着法子讨好。他向后周进献牛五百头，酒二千石，还有无数的金银财宝，甚至割让濠、泗、楚、光、寿、海六州给后周。面对这些，后周世宗只是轻轻地皱了一下眉，没有表态。

对于野心勃勃的后周来说，六州实在算不得什么，那不是他们的最终目的，他们要的是整个江南。

公元958年，李璟向后周世宗提出将长江作为南唐和后周的边界，自己去除帝号，改为国主。南唐国从一个主权国变成后周的附属国，这一切只用了短短几年时间。

这是何等屈辱的让步啊，不仅丢掉了国家的尊严，还有自己的尊严。对于当时的李璟而言，已经顾不上这些了。偏安一隅，做一个苟且偷生的附属国，比什么都重要。至于尊严，如果可以的话，以后再慢慢恢复吧。

可实际情况真是这样吗？人只要动了示弱的念头，就很难再强大起来。

南唐的百姓流离失所，尸横遍野。经历过战争的城市，哪怕雨水再怎么冲刷，土地依旧泛红，红色的血水和黑色的泥水混杂在一起，满目疮痍。南唐的百姓为了生计，拖家带口地逃往邻国，绝望的氛围笼罩着整个南唐。

李璟不忍目睹悲惨的社会现状，只能用酒来麻痹自己。他常与臣属韩熙载、冯延巳等饮酒赋诗。诗词的温柔乡，成了李璟唯一的避难所。每当他心里惆怅郁闷时，就以诗词寄情。

《摊破浣溪沙》是李璟写得最好的两首词，也是他无限悲愤忧愁时，随心境荡漾生发出来的涟漪。

摊破浣溪沙·其一

菡萏香销翠叶残，西风愁起绿波间。还与韶光共憔悴，不堪看。

细雨梦回鸡塞远，小楼吹彻玉笙寒。多少泪珠何限恨，倚阑干。

摊破浣溪沙·其二

手卷真珠上玉钩，依前春恨锁重楼。风里落花谁是主？思悠悠。

青鸟不传云外信，丁香空结雨中愁。回首绿波三楚暮，接天流。

　　李昪在位时，南唐是诸国里屈指可数的大国，可是自从李昪去世之后，南唐就开始一点点地走向了下坡路。到了李璟手里时，更是一日不如一日。

　　可以说，李璟的性格决定了他的命运，同样也决定了他儿子李煜的命运。那么之后李煜的登基，是否能够力挽狂澜，扭转乾坤呢？

同根兄弟李弘冀

  李弘冀是南唐元宗李璟的长子，李煜的长兄。他与李璟众多孩子不太一样，他沉默寡言、生性多疑，但却异常聪明，有颇高的军事才能。

  作为中主李璟的长子，李弘冀无疑是非常幸运的。因为他知道，只要自己足够刻苦、足够努力，那就一定会有所作为，会像他的祖父李昇那样，把南唐发扬光大，甚至会青出于蓝胜于蓝，最终一统天下。

  李弘冀性格极其刚强，凡事总要争得第一才行，不像他的六弟李煜那样不争不抢。他从小就开始习武，没有继承父亲李璟的艺术细胞，倒是继承了他祖父李昇的几分军事才干与狠劲儿。

  李弘冀作为皇长子，本应被立为太子。但父亲李璟登基时，按照父亲李昪的遗愿，与弟弟李景遂立下盟誓，相约帝位由兄弟相传。而原本应该立为太子的李弘冀，却被外放到东都扬州（今江苏扬州）担任留守。四年后，李景遂被李璟册立为皇太弟，协助他处理国事。又让李弘冀镇守润州（今江苏镇江润州），封为燕王。

李弘冀对此非常不甘心，因为无论是身份还是军功，他没有比不上自己叔叔李景遂的，而他作为嫡长子，储君之位却稀里糊涂地让给了别人，他难免心生不满。但那时他的任务是死守润州，这个任务比争夺皇储之位更为紧迫。因为润州靠近边境，被周边国家虎视眈眈地盯着，防守压力相当沉重。

那时吴越响应后周的要求，在后周军队攻占广陵（江苏扬州广陵区）时，吴越也派兵入侵常州，如若得手，下一个进攻目标就是润州。李璟听闻常州被围后，考虑到李弘冀年少，匆忙命令李弘冀速回京师金陵。

部将赵铎为李弘冀分析说："燕王虽然年少，但却被众将士所倚重。此时正是大敌当前，如果遵从诏令回去的话，那么势必会导致军心涣散。在这危急时刻，万万不能做出这样的选择。"

李弘冀非常认同他的见解，命人把这话传给李璟。元宗李璟知道后，即刻打消了召回李弘冀的念头。

李弘冀于是整兵备战，决定与众将士同守润州，拼死一战。在他的影响下，全军上下士气大振。

李弘冀不仅有勇有谋，还识得人才。在面对强敌、前军连续战败的情况下，当得知部下都虞侯柴克宏英勇善战，便破格提拔柴克宏为前敌主将。众人皆以为临阵换将，实为不祥，一旦战败，罔顾王命，后果将会不堪设想，但李弘冀坚持自己的想法。柴克宏不负重托，越战越勇，在稳固润州之后，又率兵解了常州之围，大举击溃吴越军，斩首万级，还俘虏了敌方十多位将领。李弘冀考虑到目前局势危急，不知道对方还有什么举动，于是就下令把俘虏的所有将领全部杀死在辕门前。全军为之振奋。

皇叔李景遂是一个识大体的人，他自知自己的军事才能不及侄子李弘冀，如果再占着储君的位子，不说对国家毫无利处，恐怕还会引起公愤，因此便想着主动退位让贤，去过那种隐士一般的生活。所以在常州战役后不久，李景遂就多次上书请求让出太子之位。

后周显德四年（958年），皇太弟李景遂力请回到自己的封国。之后，在与吴越的战争中李景达为元帅，被击败之后向南逃去，唯独弘冀有功，李璟迫于众人的压力，只好立李弘冀为太子，参决政事。

这本来是一场完美的结局。因为李弘冀当了储君，他要勇有勇、要谋有谋，并且赏罚分明，日后肯定会为南唐国建功立业。可李弘冀最终还是输了。他没有输在战场上，却输在了自己的性格上。

当了太子并掌权之后，李弘冀由于看不惯朝廷中的慵懒作风，于是严加整顿。在李弘冀这里受了气的那些大臣，全都跑去李璟那里进谗言，说太子的所作所为比皇帝还要张扬。

此外，李弘冀还对自己的小皇弟李从嘉表现出种种猜疑和忌妒，导致李璟对他非常不满，动不动就威胁说要废黜他的太子之位，重立皇叔李景遂。

说者无心，听者有意。

李璟的话一点点地渗入到李弘冀的耳朵里，一场自毁之路即将开启。

李从嘉，也就是后来的南唐后主李煜，他是李璟的第六个儿子，从嘉是他最初的名字。李从嘉和其他兄弟都去宽慰皇长兄弘冀，说父皇不过是一时气昏了头，他不可能真的这么做，况且李弘冀这些年随军出征，立下了赫赫战功。即使是皇叔们，也都没有他这样的显赫功劳。这些军功都是在战场上的刀光剑影中打出来的。他们都劝弘冀不要将此事放在心上，等父皇气消了就没事了。

每逢弟弟们来看望太子李弘冀，他基本都能在劝解中忘掉这些烦心事。但到了晚上，他却经常失眠，时常做噩梦。梦到父亲李璟对他失望透顶，将他的太子之位废黜，又封他的皇叔李景遂为储君。他还梦到他的父皇李璟笑呵呵地用他从未见过的笑容看着皇叔景遂，说他是个治国之才，将皇位传给景遂，他最放心。而对太子弘冀则是一脸的嫌弃和厌恶。

这样的噩梦做得多了，太子李弘冀整个人都开始变得阴郁起来。一天，从嘉从宫人的口中听闻长兄弘冀夜晚总做噩梦，睡得不好，正打算派遣宫人送些安神的汤药过去，却不料一个消息传来，整个皇宫都被震动了。李弘冀竟然派人在皇叔李景遂回封地的路上杀害了他。

元宗李璟得知此事后大为震怒，派人连夜彻查，直到将凶手抓捕归案。他发现凶手背后的指使者竟然是皇太子李弘冀。在得知兄长李弘冀做出杀害叔父李景遂的事情后，从嘉感怀之下，作了一首《秋莺》诗。

秋莺

残莺何事不知秋，横过幽林尚独游。

老舌百般倾耳听，深黄一点入烟流。

栖迟背世同悲鲁，浏亮如笙碎在缑。

莫更留连好归去，露华凄冷蓼花愁。

李弘冀因此被剥夺了太子之位，由东宫搬到了西苑，被软禁了起来。对此，满朝哗然，众大臣瑟瑟发抖，不敢多言。

一众皇子更加谨言慎行起来，生怕招来杀身之祸。更何况，万一哪天李弘冀被放出来，以他历来狠辣的行事作风，要是知道谁被册立为太子，可能会将新太子或者潜在的太子人选都杀掉。

从嘉向来都很低调，为了保全自己的性命，避免招来杀身之祸，从年少起他就淡泊名利，寄情于诗词、书画，将功名利禄视为身外之物，对于军国大事，更是退避三舍。每每有人问起从嘉对未来的想法时，他都会说，"思追巢许之余尘，远慕夷齐之高义"。意思是想和巢父许由、伯夷叔齐一样，做一个隐士，过自由自在的山野生活。

李从嘉渴望能够归隐于钟山，摆脱人世间的一切烦恼，纵然外面的世界红尘滚滚，那也与他无关。他的愿望是驾一叶扁舟，自由自在地浪迹天涯。

　　李从嘉的世界，只需要感受生活中的美好那面即可。他甚至连自己归隐后的生活都设想好了，并为此专门作了一首《病起题山舍壁》的诗。

病起题山舍壁

山舍初成病乍轻，杖藜巾褐称闲情。

炉开小火深回暖，沟引新流几曲声。

暂约彭涓安朽质，终期宗远问无生。

谁能役役尘中累，贪合鱼龙构强名。

　　只要能够远离宫殿，远离繁杂的红尘俗事，李从嘉甚至想过去皈依佛门。这些从他的《病中书事》一诗中就可以看出。

病中书事

病身坚固道情深，宴坐清香思自任。

月照静居唯捣药，门扃幽院只来禽。

庸医懒听词何取，小婢将行力未禁。

赖问空门知气味，不然烦恼万涂侵。

　　为远离宫廷的权势斗争，李从嘉走进了琴棋书画的世界，他得到了前所未有的自由。艺术是这样的美好，可以随心所欲地表达心中所想，并且永远以恬静的一面示人。李从嘉在这样的世界自由自在地畅游着。

从嘉诞生

每年农历的七月初七，是中国传统的节日——乞巧节。

在美丽的神话传说中，七月初七这一天，喜鹊会从四面八方飞到银河之上，为相隔在银河两岸的牛郎织女搭起鹊桥，这样一来，牛郎和织女就可以在鹊桥上相会，互诉别情和相思之苦了。

宋朝词人秦观有一首著名的词《鹊桥仙·纤云弄巧》，写的就是每年的七月初七牛郎织女相会的故事。

鹊桥仙·纤云弄巧

纤云弄巧，飞星传恨，银汉迢迢暗度。金风玉露一相逢，便胜却人间无数。

柔情似水，佳期如梦，忍顾鹊桥归路。两情若是久长时，又岂在朝朝暮暮。

　　秦观的这首词写得缠绵悱恻，如怨如慕，如泣如诉。从这首词中，我们可以看出七月七日是一个吉祥的日子。李从嘉，也就是后来的李煜，就降生在公元 937 年的这一天。

　　一声婴儿的啼哭，划破了寂静的长空。金陵府的人听到婴儿的啼哭声后，都纷纷兴奋了起来。随后，奶娘抱着一个小脸蛋通红的婴儿，出现在众人的面前。他紧闭着双眼，不住地啼哭，偶尔哭累了，会睁开黑葡萄般的眼睛，细细地打量这个新奇的世界。

　　这孩子有着贵不可言的面相，据史书记载，李煜"为人仁孝，善属文，工书画，而丰额骈齿，一目重瞳子"。重瞳，即一只眼睛里有两个瞳孔。这是圣人的长相，因为在李煜之前，有文字记载的目有"重瞳"者，只有传说中创造汉文字的仓颉、远古帝王大舜、晋文公重耳和名震天下的西楚霸王项羽这四人，他们或为帝王，或为圣人，即使最不济的项羽，也是一方霸主，可以和刘邦争夺天下。照此来看，这孩子的一生将能载入史册才是。

　　李璟细细地端详着这孩子的脸，最终把孩子的名字定了下来——李从嘉。从嘉的寓意是越来越好，他也是希望南唐朝廷、李氏家族能兴旺发达。

李从嘉天生敏感，且自带一种遗世独立的气质，他从小就不争不抢，懂礼貌，也懂谦卑。那时候的他不知道国家面临着怎样的风雨，他虽然不是寻常人家的孩子，但也有着寻常孩子的童年，那便是无忧无虑的快乐。

李璟共有十子，李从嘉排行第六，长子李弘冀是太子。李弘冀的太子之位全是靠自己的军功实打实地拼来的。

李璟登基那年，为了体现兄弟之间的情义，封其弟寿王李景遂为燕王，宣城王李景达为鄂王，李景遏以前没有封王，此时被封为保宁王。同年秋天，改封李景遂为齐王、诸道兵马元帅、太尉、中书令，李景达为燕王、副元帅，封其子李弘冀为南昌王、江都尹。感念先父李昪创业艰难，李璟主动与兄弟李景遂、李景达、李景遏在李昪的灵柩前立盟，约定皇位在几兄弟之间轮转，世代继承，共享李氏天下。

但后来随着李弘冀在军中的威望日渐高涨，李景遂无心再争皇位，一心避嫌，只想当个闲散的隐者，因此多次上书，请求退位让贤。

李景遂虽然主动避嫌，但由于李璟的威胁，李弘冀始终都把皇叔李景遂列在劲敌一栏。李弘冀的性格不同于李璟，跟李从嘉也大有不同，他为人果断，有主见，城府较深，对皇位虎视眈眈。而且李弘冀为人好猜忌，虽然在吴越与后周的入侵中，成功地守住了润州，解了常州的困境，并领军大破吴越军，立下了汗马功劳，但他实在是太过年轻，有着年轻人的通病，那就是沉不住气。

公元 958 年，周军一再入侵，李景遂请求退出储位，一是他清楚自己并无治国安邦的才能，二是他无心于政治。

李璟迫于众大臣的压力，只得立长子李弘冀为太子。

李弘冀对三叔李景遂的猜忌还没有彻底解除，就又对六弟李从嘉起了疑心，整日小心提防。在李弘冀没有登上帝位前，他对谁都不放心，谁都有可能成为他的劲敌，即便这些人根本无心争夺储君之位。

自古以来，为了争夺皇位，父子、兄弟相残的血腥宫斗，屡屡重演。李弘冀也害怕六弟李从嘉假装淡泊名利，寄情山水，到时他与皇叔李景遂相争，斗个两败俱伤，而李从嘉则坐收渔翁之利。

李弘冀为什么要猜忌和对付一心想当隐士的弟弟呢？这一切都源于李从嘉的重瞳。李弘冀知道自古以来有重瞳的人，都是帝王将相之身，舜是如此，项羽亦是如此，所以他不得不防。可让人没想到的是，没过多久，李弘冀竟然命丧黄泉了。

李弘冀的暴毙，使得李璟不得不重新立太子。

眼下能考虑的皇子人选，主要是六皇子李从嘉和七皇子李从善。李从嘉生性懦弱，爱好诗词歌赋，控制欲不强，耳根子软，怕不能做个好君主，带领南唐国重回兴盛；而李从善虽然性格刚毅，喜爱舞文弄墨，但生性莽撞，做事不计后果，也不是合适的人选。如果两权相害取其轻的话，六皇子李从嘉是个相对较好的选择。

只可惜李从嘉从未对皇位有过半点非分之想，如今就算是李璟有意让他继承自己的江山，他也毫无兴致。他爱的从来都不是江山和皇权，而是文章翰墨。

李璟与众臣商议之后，确定立六皇子李从嘉为太子。太子的头衔就这样戴在了李从嘉的头上，他想挣扎也是不可能的。但这个宅心仁厚，做事历来没有主见的李从嘉，又该如何承受这命运的捉弄呢？

第二卷

菊花开，菊花残

　　人们常说，一个人最大的幸福，就是可以做自己喜欢做的事情，不被外界所束缚，这样的人生才算完美。可李从嘉的人生没有选择，因为他不是寻常人，他注定要被命运的枷锁牢牢捆绑。

太子之位

如果命运不错位，李弘冀不去毒杀自己的皇叔李景遂，他便不会死。他如果能顺利登基，南唐将是另一番景象。而一心只爱慕词赋的李从嘉也不会成为南唐后主，受命运的捆绑和约束，后半生悲惨。

但这就是命运，半点不由人。

公元 959 年，六皇子李从嘉极不情愿地登上了太子的宝座，居住的宫殿也变成东宫，身旁伺候的人由几个变为数十个，吃穿用度的规格也都大幅的提高。经李璟与众大臣多次商议，将太子李从嘉的名字正式改为李煜。

李煜的祖父李昪，曾用名徐知诰，是五代十国时期吴国大将徐温的养子，建立南唐政权后，于升元三年（939 年）恢复李姓，改名为昪。李煜的父亲李璟原名李景通，登基后改名为李璟。

观察李煜与父亲、祖父三人的名字，我们就会发现，他们的名字中都有一个"日"字。

李煜名字中的"煜"字，取自《太玄·元告》篇的"日以煜乎昼，月以煜乎夜"。也就是说，"煜"象征着光明和灿烂，对于国家来说，国家的发展会呈现出一片繁荣兴盛的景象。李璟希望李煜成为太子，日后继位，能够带领南唐更上一层楼。

但李煜的理想从来都不是齐家治国平天下，尤其是在当时四分五裂的乱世。他的愿望只是简简单单地翻翻经卷，填词作文。可他却被命运巨大的绳索勒住了咽喉，不得不听从命运的安排。

我们常说，一个人最大的幸福，就是可以做自己喜欢做的事情，不被外界所束缚，这样的人生才算完美。可李从嘉的人生没有选择，因为他不是寻常人，他注定要被命运的枷锁牢牢捆绑。

李煜生性优柔寡断，不爱争，也不爱抢，处事平和，对所有人都怀着一颗赤诚之心。但生在帝王之家，尤其是要成为一国之主，他必须要学会掩藏自己的心思。虽然他学文作词一学就会，但却偏偏学不会如何处理政务，这样的他将如何与臣子相处呢？

一个总是将悲喜哀乐都挂在脸上的人，总不会有太多心机。李煜虽久处深宫之中，却有些不谙世事。

长兄李弘冀的夺位之争，让李煜清楚地意识到皇宫里的腥风血雨有多么残酷。面对自己血脉至亲的人都能痛下杀手，若是外人呢，若是外敌呢？恐怕更加不会留一丝情面。

李煜处处小心谨慎，生怕出一个差错，就给自己惹来是非。他只愿意读书写词，因为那里没有尔虞我诈，也没有是非对错，有的只是快乐与悠闲。他只愿意用笔去描绘出一个自己理想中的无忧国土。

可这些只能是他的幻想，因为他是太子，是将来南唐国的国主，他的心里要记挂着国民的安康。说到底，李煜心里是没底的，他不知道自己能否撑得起南唐的大梁。

李煜的性格与他的父亲李璟有几分相似，两人都能写一手好诗词，遇事都讲究一个"忍"字。李璟血脉里遗传下来的优柔寡断，在李煜身上体现得淋漓尽致。

如果李弘冀没死，继承了太子之位，并最终登上了南唐国的皇位，那么南唐国的命运会不会改写呢？这一切都未可知，因为历史不能重来，国家的存亡自有其命数。

对于李煜继位，李璟其实是不放心的。这个担心来源于李璟身边的一个大臣钟谟。钟谟曾直言进谏说："从嘉德轻志懦，又酷信释氏，非人主才。"

钟谟的话没有错，他说李煜不重功与名，不可能带领他的子民走向更宽广的地域。

自古忠言逆耳，良药苦口，李璟自然也有自己的打算，因此没有听从钟谟的建议，而是把他贬为国子司业，后又流放到千里之外的饶州。

李璟自知已无力挽回南唐的国势，他已是心力交瘁，可南唐的形势依旧很复杂，军事上节节败退。眼下，李璟已经下令去除帝号，由南唐国君沦为南唐国主。李璟将父亲李昪辛辛苦苦留下的一手好牌打得稀巴烂，到今日为止，已经是割地求和，求个苟延残喘。

南唐现今国力如何，身为皇帝的李璟比谁都清楚。这些年来国库空虚，原来百姓的生活富足有余，可现在再到民间暗访，所到之处都是民不聊生、满目疮痍。南唐已经经受不起任何挫折了，至于对抗强大的北方政权，一统中原，这些事想都不敢再想了。

如今李弘冀暴毙，李璟只能把唯一的希望寄托在李煜的身上。他在那一刻像个赌徒，把所有的赌注都压在了李煜的身上，孤注一掷，希望李煜可以将自己父亲辛苦打下来的基业延续下去。可是，这个希望将是一场空。

几多欢喜

在李煜出生的时候，他的祖父李昪还没有称帝，只是以兵马大元帅的身份坐镇于金陵。孙子李煜的降生，加上种种异象，让李昪大喜过望。

在李煜降生 3 个月后，李昪便毅然决然地逼迫吴王禅位，然后自己称帝。

李昪做了皇帝后，依旧朴素节俭，可他对自己的儿孙们却非常宠爱，所以，李煜的童年是在全家的精心呵护下度过的。

童年的李煜，其天资胜过他的父亲李璟，尤其酷爱诗文。7 岁时，就能背诵曹植的《燕歌行》，并且能够心领神会，解释其文意。

李昪对这个孙子十分喜爱。之后，由李璟继承皇位，于是年幼的李煜就由皇孙变成了皇子。李昪的死，使李煜失去了一个慈爱的爷爷，而且家庭内部的纷争也从此开始了。

李煜是一个不折不扣的天才，琴棋书画、诗词歌赋，无所不能、无所不通。尤其是对填词一道，他更是得心应手，是个中的翘楚。除此之外，李煜还是画家，对于山水画、花鸟画、墨竹画等都有很深的造诣。他的画法源于他的金错刀体书法，因此别出心裁，极富独创精神。

宋代著名书画鉴赏家郭若虚在其《图画见闻志》中有记载："江南后主李煜，才识清赡，书画兼精。尝观所画林石飞鸟，远过常流，高出意外。金陵王相家有《杂禽花木》，李忠武家有《竹枝图》，皆稀世之珍玩也。"可见李煜的书画作品很受人们的赞赏。

李煜的画追求一种直率、自然、适意的风格。当然，这种画风也不是偶然形成的，而是其性格使然。他这种感情在诗词《渔父》二首中就有很直白的表露。

渔父·其一

浪花有意千重雪，桃李无言一队春。

一壶酒，一竿身，快活如侬有几人。

渔父·其二

一棹春风一叶舟，一纶茧缕一轻钩。

花满渚，酒满瓯，万顷波中得自由。

李煜十分羡慕渔父那种平和、自由自在、自得其乐的生活，诗中"万倾波中得自由"这一句就深刻地表达出了他的这种情感。

时光如梭，李煜从懵懂的少年走向成年。如果可以的话，他也愿意一直活在这样单纯善良的少年生活之中。然而人生的苦乐悲喜早就在暗中标好了位置。

少年的他，有父皇为他遮风挡雨，有母后的怜爱与疼惜。他没有任何烦恼，即便有烦恼，也是无关紧要的，比起将来的国家大事，可以说是小巫见大巫。

李璟登基以后，经常举办宴游的活动，或吟诗，或观舞，总之就是与民同乐。年幼的李煜也经常跟在父亲的身后，时不时地展示自己的才学，献上几首诗词。

那时的他还不太明白大人的世界，也不知道战争的残酷，除去皇族的身份外，他就是一个天真无邪的少年郎。

公元 949 年，李煜 13 岁。那年正月，下了一场大雪。父亲李璟命人举办了一场十分盛大的宴会，让人作诗填词，观舞赏雪。父亲李璟在宴会中乘兴作了一首《望远行·玉砌花光锦绣明》。

望远行·玉砌花光锦绣明

玉砌花光锦绣明，朱扉长日镇长扃。夜寒不去寝难成，炉香烟冷自亭亭。

残月秣陵砧，不传消息但传情。黄金窗下忽然惊，征人归日二毛生。

李煜对文字有一种难以言说的敏锐，他解读出了父亲诗词里的悲凉，更读出了一种莫名的感伤。不得不说，他与他父亲李璟的相似之处，是在他们的血脉之中，都流淌着早已注定的命数。

李煜虽感受到父亲诗词中的悲凉，但终究不能全懂，因为他还没有经历过世事的磨炼，那种悲凉的绝望，他是不可能理解透彻的。

父亲李璟身边宠臣冯延巳的词，他也读过。冯延巳的那本

《阳春集》，他不知道看了多少遍，尤其喜欢那首《鹊踏枝·谁道闲情抛掷久》。

鹊踏枝·谁道闲情抛掷久

谁道闲情抛掷久？每到春来，惆怅还依旧。日日花前常病酒，敢辞镜里朱颜瘦。

河畔青芜堤上柳，为问新愁，何事年年有？独立小桥风满袖，平林新月人归后。

诗词里面的惆怅，他也能隐约地感受得到。或许是敏感之心所产生的共鸣吧，他总是能够捕捉到那些细微之处所蕴藏的深情。但那时他是快乐的，别人的惆怅，他最多能体会三分。他的自由与散漫，才是那剩下的七分。

李煜年少时的烦恼，也不过是儿女情长，又或者是自由捆绑的烦恼。而成人后的烦恼，多是江山社稷，或是国土流失后的沮丧。

他也曾经向往过隐士般的生活，当一个闲散的文人，浪迹天涯。如果后来的他不是太子、不是皇帝，他大概会向他的父亲李璟表明心迹，让自己彻底自由一回，归隐于逍遥自在的世界里。

世间事多的是无奈，于李煜的身份来说，他做不了自己的主宰者。世人说他除了做皇帝，做任何事都是高手。如果他还活着，他大概也想为自己辩解一回——又不是自己非要当这个皇帝的。

那时李煜爱上了诗词，遇见了爱情，人生所有的快乐，都聚集在年少没有登上帝位之前。登上帝位之后，一切都改变了颜色。

李煜少年时的无限快乐、成年时的无限哀愁，人生前半场提前透支了他人生后半场的快乐，前半场有多么开心，后半场就有多么忧愁。

别人的忧愁可以化解，唯独李煜的忧愁越结越浓，怎么化解都消散不了。当一个人没有能力化解忧愁时，便开始了逃避与麻醉。等到无路可退时，就是一个人心死之时。

李煜登基以后，遇上那些焦头烂额的事，会让他情不自禁地想起以前那些美好的日子。最后南唐灭亡，他做了北宋的囚徒，更是每日醉生梦死，天天活在回忆之中。

李璟在位时，李煜可以一直保持着一颗敏锐而自由的心，也可以一直任性地沉浸在自己的世界里，没有人会指责他，也没有人会批评他。但在当上帝王后，王位却终结了他后半生的快乐。于他而言，这不值得，付出的代价要大于得到。王位虽然荣耀，但却远没有单纯的快乐来得那样实在。

执子之手

　　在感情方面，李煜无疑是幸运的。李煜 18 岁那年，遇见了人生中的第一个女子，她叫娥皇，19 岁，是南唐元老大臣周宗的长女。

　　对古代皇室子弟来说，婚姻全不是自己能做主的，讲究门当户对，父母之言，是否能遇见爱情，全凭自己的运气。

　　显然，李煜这次碰上了好运气，因为娥皇无论是从容貌来说，还是从才情来说，都是一绝。北宋著名词人陆游与他人撰写的《南唐书》里曾记载过娥皇："通书史，善歌舞，尤工琵琶。"

　　面对父亲李璟安排的婚姻，李煜一开始只是平静地接受，不带任何表情，也没有丝毫的期待之心。一切的改变，都是在成婚的那个晚上，从李煜揭开红盖头看到娥皇的那一刻开始。

得知娥皇的才艺之后，李煜内心不禁狂喜，他知道自己不仅遇见了爱情，还遇到了知音。老天一直对他很苛刻，此刻终于给他生命中带来了一线光芒。

娥皇面对她的夫君，也是喜欢的。因为眼前的这个男子俊美纯良，且才艺极高，是她打心底里愿意一生陪伴的人。

在四目相对里，他们的眼里只剩下了彼此。花前月下，或许形容的就是这样的才子佳人吧。

一个能填词，一个能弹唱，世间还有什么比这更登对的呢。在宫里的那些日子，有了娥皇的陪伴，再烦心的事情也能忘却。那时李煜还不是一国之主，即便是有政务，也还有父亲李璟替他撑着，自己只管与娥皇在温柔乡里缠绵。

新婚的日子总是美好的，没有琐碎，也没有忧愁。那时的李煜还不贪酒，他迷恋的是词与娥皇。

娥皇本性天真，在李煜面前，她的天性得以充分地展示。有一天，她多喝了几杯酒，稍微有些醉意，把洁白的罗袖也弄得斑斑驳驳，与白里透红的小脸交相辉映，更显妩媚秀丽。而顽皮的她，居然轻轻地嚼烂一团红绒线，对着望向自己怔忡入迷的丈夫张嘴就是一唾，两人都笑得歪倒在床上。这一幕生动的闺中嬉戏，刹那间挑动了李煜的创作灵感，他起身挥笔，瞬间便写成了一首《一斛珠·晓妆初过》。

一斛珠·晓妆初过

晓妆初过，沉檀轻注些儿个。向人微露丁香颗。一曲清歌，暂引樱桃破。

罗袖裛残殷色可，杯深旋被香醪涴。绣床斜凭娇无那。烂嚼红茸，笑向檀郎唾。

读完这首词，我们会感到娥皇仿佛就活生生地站在我们的面前，由此可见，李煜的词写真、传神的能力非同一般。

两人真是天生的一对，地设的一双。

李煜常为娥皇画眉，为她涂抹脂粉，能自己亲手做的，他决不交给别人。

李煜的生日是七夕佳节，一个浪漫的日子。在那一天，他总少不了命人用红白两色的丝绸铺成月宫天河的形状，然后再歌舞酒宴，彻夜狂欢。娥皇与他时不时地相视一笑，时不时地对月吟词，犹如一对快活的神仙眷侣。

李煜的诗词、绘画造诣都很高，娥皇也毫不逊色。

唐朝时期的宫廷乐舞《霓裳羽衣曲》由唐玄宗所作，

是中国古代音乐舞蹈史上的一颗璀璨明珠，但却在战乱中散失了。后来经由娥皇改编，把它变成了南唐的大型歌舞曲目。在李煜的生日宴会上必然上演一次。李煜的《玉楼春·晚妆初了明肌雪》，描写的就是表演由娥皇改编的《霓裳羽衣曲》的盛况。

玉楼春·晚妆初了明肌雪

晚妆初了明肌雪，春殿嫔娥鱼贯列。凤箫吹断水云间，重按霓裳歌遍彻。

临风谁更飘香屑，醉拍阑干情味切。归时休放烛花红，待踏马蹄清夜月。

娥皇精通音律，经常与李煜在雪夜中畅饮。李煜作《念家山》时，娥皇便弹奏词调，作《邀醉舞》。他们的组合，可谓是才子配佳人。

在有娥皇陪伴的日子，李煜可以出步成词。

婚后，娥皇给李煜生下了长子仲寓与次子仲宣，各个乖巧可爱。举案齐眉的生活，让他们暂时忘记了尘世的烦恼。

公元961年7月，李煜的父亲李璟去世，李煜即位，称李后主，并于南唐的首都金陵（今江苏南京）举行了盛大的登基仪式。娥皇正式成为周皇后，史称大周夫人。

面对强大的宋朝，李煜同他的父皇李璟一样，步步相让。也多亏有了娥皇，李煜的苦闷心情才有了排解的地方，不然做这"傀儡"一般的君主，该如何度过这漫漫长日呢？

有时李煜由于处理政务回去得晚，会发现娥皇独自倚靠着窗牖等待他归来，他心疼她，会装作生气地"数落"她。

娥皇体贴李煜，她明白大丈夫当以国事为重。自成婚以后，娥皇回家的次数少了许多，她心里有时也挺想家的，这时李煜就会让娥皇回家省亲。

李煜怜惜地摸着娥皇的脸，内心感叹着不知该怎么度过没有娥皇的日子，相处时间虽然不过数年，但有娥皇的陪伴却已成为李煜的一种习惯。

趁娥皇不注意，李煜偷偷地带走了她随身佩戴的手镯。将手镯当作信物，每当想娥皇时，便摸一下手镯，这样就能感受到娥皇的存在，在心里数着娥皇回家的时日。

天是那么高，烟云水气又冷又寒。菊花开了又谢，塞外的大雁振翅南飞。李煜思念的娥皇在遥远的故乡，于是便有了《长相思·一重山》。

长相思·一重山

一重山，两重山。山远天高烟水寒，相思枫叶丹。

菊花开，菊花残。塞雁高飞人未还，一帘风月闲。

有时，娥皇回家省亲也就二三日，但在李煜眼中却如二三年之久。他为减轻相思之苦，写下了一篇篇柔情缱绻的诗词。又如下一首《长相思·云一緺》。

长相思·云一緺

云一緺，玉一梭，淡淡衫儿薄薄罗，轻颦双黛螺。

秋风多，雨相和，帘外芭蕉三两窠，夜长人奈何。

这首词上阕描写娥皇临别前的装束和神态，下阕描写自己因思念睡不着觉，黑夜漫漫的伤感之情。这首小词情景交融，形神兼具，向来被人们吟咏称道。

大周后娥皇不但容貌秀美，才华出众。早些年，她在为南唐中主李璟弹奏琵琶时，李璟大为欣赏，高兴之下，将一把珍贵的烧槽琵琶赏赐给了她。据说这把琵琶是用汉朝末年著名文人蔡邕的焦桐所制造的，不仅形状精美，而且音质极好，是一件不可多得的宝物。娥皇视之如命，与它形影不离。

有娥皇陪伴的日子是李煜人生中最幸福的时光。李煜和娥皇相依相偎，如胶似漆。他们赏花弄月，吟诗填词，轻歌曼舞，浅斟低唱，过着神仙般快乐逍遥的日子。

由于娥皇出生于富贵之家，做了皇后以后，皇家的排场和财物尽由她支配，她自然由着自己的天性，极尽奢华之能事。

她经常举办各种形式和规模的歌舞会，其中以霓裳羽衣舞会为最多。李煜和娥皇完全沉溺在这种歌舞升平之中，有时舞会从上午开始，直到红日西沉，他们仍然意犹未尽。后主李煜曾填有不少描绘这种歌舞场面的词。下面这首《浣溪纱·红日已高三丈透》就描绘了从白天舞到深夜，从夜晚舞到天明时的狂欢场面。

浣溪纱·红日已高三丈透

红日已高三丈透，金炉次第添香兽，红锦地衣随步皱。

佳人舞点金钗溜，酒恶时拈花蕊嗅，别殿遥闻箫鼓奏。

这首词主要描写宫中声色豪奢、风情旖旎的生活场景，展示了白天里举行的一场宫廷舞会，细致地刻画了宫廷舞台富丽堂皇的布置，生动地写出了舞女们轻盈灵动的舞步和妩媚婉转的姿态，真实地再现了李煜前期生活的奢华绮丽以及自鸣得意的心情。由此也可以略见当时李后主与大周后耽于声色、风流浪漫的生活场面。

伤别离

乾德二年（964 年），也就是李煜登基后的第四年，娥皇忽然生了一场大病，每天多昏睡在床，就连宫中的御医也束手无策。

自古天妒红颜。娥皇才貌双绝，无奈偏偏是个多病之躯。自从生下次子仲宣以后，就落下了一身的病，入秋以后，她的身子更是一日不如一日。

病在她身，伤在他心。李煜每天衣不解带地守候着她，汤药都要亲自尝后才给她喝。娥皇感激在心，只是她知道，她再也不能继续陪他唱歌跳舞、风花雪月了。

虽然李煜每日都会来陪伴她，可是娥皇的心里却总有着不可名状的忧伤，无人可解。因为她知道自己的大限已到。不能再陪伴李煜了，也不能再陪着自己的儿子长大了。

当宫殿内空无一人的时候，她会让侍女将自己扶起静默伫立，任凭自己的思绪放空，回忆和夫君相伴、言欢的点点滴滴。

如果说这场大病只是生在她的身上的话，那么次子仲宣的死，无疑是把她的心给剜走了。

次子仲宣是在李煜登基后的第二年生下的，仲宣非常聪明可爱，且天赋不凡。3 岁时就能一字不落地念诵出当年科举考试的教材《孝经》，听到音乐就能马上说出曲名。这个小小的孩童，待人非常有礼貌，即使是见到下级官员，也会作揖行礼，李煜夫妇对这个孩子异常喜爱。

但是天有不测风云。一天，4 岁的仲宣在佛堂前玩耍嬉戏，不料头顶上有一只猫忽然蹿上了挂在高处的大琉璃灯，"哗啦"一声巨响，大琉璃灯被摔得粉碎，而仲宣由于惊吓成疾，精神恍惚，没过多久便夭折了。

李煜惊闻爱子夭折后，也是五内俱焚，痛不欲生。更让他为难的是，这件事还不能让娥皇知道，因为这肯定会要了爱妻的命。在爱妻面前，他还得强颜欢笑，只有在背地无人时，他才敢偷偷地含泪饮泣。他把自己的悲哀寄托在诗词上，写了一首悼子诗。

悼诗

永念难消释，孤怀痛自嗟。

雨深秋寂寞，愁引病增加。

咽绝风前思，昏濛眼上花。

空王应念我，穷子正迷家。

李煜面对重病垂死的娥皇，意识到这个曾经陪伴自己十年之久的枕边人马上就要离开他了，他不由得害怕了起来。他写下了《后庭花破子·玉树后庭前》，希望自己的爱人早日好起来。

后庭花破子·玉树后庭前

玉树后庭前，瑶草妆镜边。

去年花不老，今年月又圆。

莫教偏，和月和花，天教长少年。

虽然整个宫中都极力隐瞒仲宣去世的消息，但世上哪有不透风的墙，消息最终还是传到了娥皇的耳中。娥皇得此消息后，痛不欲生，最终昏迷不醒。

十一月，娥皇从昏迷中醒来，她让侍女取出元宗所赐的烧槽琵琶和平日佩戴的约臂玉环，和李煜作别。三天后，娥皇支撑着沐浴更衣，将含玉（玉蝉）放进口中，于瑶光殿与世长辞，时年二十九岁。乾德三年（965 年）正月，葬于懿陵，谥号昭惠。

相传，在娥皇临终前曾留下遗言："婢子多幸，托质君门，冒宠乘华，凡十载矣。女子之荣，莫过于此。所不足者，子殇身殁，无以报德。"意思是说，她有幸嫁入宫门，至今已有十多年了，作为女子的荣光，莫过于此。但唯一的不足是幼子早夭，而她也即将远去，恐怕无法再报答李煜的恩情。

刚失爱子，又丧爱妻，这双重打击对温柔多情的后主几乎是致命的。他整天哭泣，不吃不喝，怔怔忡忡地回忆着与娥皇恩爱缠绵的往事，与孩子绕膝相嬉的快乐。娥皇的离世，让李煜痛不欲生，他终日以泪洗面。

最后，李煜遵从娥皇的遗愿，将其最爱的烧槽琵琶陪葬，并亲笔为娥皇写下数千言的诔文，表达自己对妻子娥皇的哀思之情。

自古以来，帝王为后妃写诔文的，并不多见。而不顾一切地去表达自己真情实感、毫无君主矜持的，恐怕就只有李煜一个人。作为一位君王，这是他的短处；但作为寻常人，这却是他的长处。他的思念之情，在写给妻子娥皇的祭文中体现得淋漓尽致。

昭惠周后诔

天长地久，嗟嗟蒸民。嗜欲既胜，悲欢纠纷。缘情攸宅，触事来津。赏盈世逸，乐歇愁殷。沉乌逞兔，茂夏凋春。年弥念旷，得故忘新。阙景颓岸，世阅川奔。外物交感，犹伤昔人。诡梦高唐，诞夸洛浦，构屈平虚，亦悯终古。况我心摧，兴哀有地。苍苍何辜，歼予伉俪？窈窕难追，不禄于世。玉泣珠融，殒然破碎。柔仪俊德，孤映鲜双，纤秾挺秀，婉娈开扬。艳不至冶，慧或无伤。盘绅奚戒，慎肃惟常。环佩爱节，造次有章。会颦发笑，擢秀腾芳。鬓云留鉴，眼彩飞光。情漾春媚，爱语风香。瑰姿禀异，金冶昭祥。婉容无犯，均教多方。茫茫独逝。舍我何乡？昔我新婚，燕尔情好。媒无劳辞，筮无违报。归妹邀终，咸爻协兆。俯仰同心，绸缪是道。执子之手，与子偕老。今也如何，不终往告？呜呼哀哉，志心既违，孝爱克全。殷勤柔握，力折危言。遗情盼盼，哀泪涟涟。何为忍心，览此哀编。绝艳易凋，连城易脆。实曰能容，壮心是醉。信美堪餐，朝饥是慰。

如何一旦，同心旷世？呜呼哀哉！丰才富艺，女也克肖。采戏传能，弈棋逞妙。媚动占相，歌萦柔调。兹鬟爱质，奇器传华。翠虬一举，红袖飞花。情驰天际，思栖云涯。发扬掩抑，纤紧洪奢。穷幽极致，莫得微瑕。审音者仰止，达乐者兴嗟。曲演来迟，破传邀舞，利拨迅手，吟商呈羽。制革常调，法移往度。鬵遍繁态，蔼成新矩。霓裳旧曲，韬音沦世，失味齐音，犹伤孔氏。故国遗声，忍乎湮坠。我稽其美，尔扬其秘。程度余律，重新雅制。非子而谁，诚吾有类。今也则亡，永从遐逝。呜呼哀哉！该兹硕美，郁此芳风，事传遐禩，人难与同。式瞻虚馆，空寻所踪。追悼良时，心存目忆。景旭雕甍，风和绣额。燕燕交音，洋洋接色。蝶乱落花，雨晴寒食。接辇穷欢，是宴是息。含桃荐实，畏日流空。林雕晚箨，莲舞疏红。烟轻丽服，雪莹修容。纤眉范月，高髻凌风。辑柔尔颜，何乐靡从？蝉响吟愁，槐凋落怨。四气穷哀，萃此秋宴。我心无忧，物莫能乱。弦乐清商，艳尔醉盼。情如何其，式歌且宴。寒生蕙幄，雪舞兰堂。珠笼暮卷，金炉夕香。丽尔渥丹，婉尔清扬。厌厌夜饮，予何尔忘？年去年来，殊欢逸赏。不足光阴，先怀怅怏。如何倏然，已为畴曩？呜呼哀哉！孰谓逝者，荏苒弥疏。我思妹子，永念犹初。爱而不见，我心毁如。寒暑斯疚，吾宁御诸？呜呼哀哉！

万物无心，风烟若故。惟日惟月，以阴以雨。事则依然，人乎何所？悄悄房栊，孰堪其处？呜呼哀哉！佳名镇在，望月伤娥。双眸永隔，见镜无波。皇皇望绝，心如之何？暮树苍苍，哀摧无际。历历前欢，多多遗致。丝竹声悄，绮罗香杳。想淡乎忉怛，恍越乎悴憔。呜呼哀哉！岁云暮兮，无相见期。情瞀乱兮，谁将因依！维昔之时兮亦如此，维今之心兮不如斯。呜呼哀哉！神之不仁兮，敛怨为德；既取我子兮，又毁我室。镜重轮兮何年，兰袭香兮何日？呜呼哀哉！天漫漫兮愁云曀，空暧暧兮愁烟起。峨眉寂寞兮闭佳城，哀寝悲气兮竟徒尔。呜呼哀哉！日月有时兮，龟蓍既许，萧笳凄咽兮旗常是举。龙輀一驾兮无来辕，金屋千秋兮永无主。呜呼哀哉！木交枸兮风索索，鸟相鸣兮飞翼翼。吊孤影兮孰我哀，私自怜兮痛无极。呜呼哀哉！夜寤皆感兮，何响不哀？穷求弗获兮，此心隳摧。号无声兮何续，神永逝兮长乖。呜呼哀哉！杳杳香魂，茫茫天步，抆血抚榇，邀子何所？苟云路之可穷，冀传情于方士！呜呼哀哉！

　　李煜在诔文最后写上了三个字：鳏夫煜。

　　"鳏"本指一种喜欢独来独往的大鱼，"鳏夫"是指成年无妻或丧妻的男人。李煜的女人虽然未必有三宫六院七十二妃那么多，但后宫之内绝不止娥皇一个人，有史书记载的就有保仪黄氏等人，而且此时他与小周后的感情也日益加深，在此时称呼自己是"鳏夫"，足可以看出后宫之中无人能取代娥皇在李煜心中的位置，也可以表明李煜对娥皇的深厚感情。

大周后娥皇离世后的好长一段时间内，李煜都不能从失去她的悲伤中解脱出来。斯人已逝，而旧物依然在，后主对此经常触景伤怀。瑶光殿是娥皇在世时住的地方，大殿的旁侧种有一株腊梅，那是他与娥皇共同种下的。如今梅花吐芳，而伊人已然不见。李煜每每去园中徘徊于树下，都会忍不住潸然泪下。

冬去春回，皇宫内苑里又是一派春意盎然的景象，可李煜仍然沉浸在深深的悲哀之中。花前月下，亭台楼榭，原来都是他与娥皇携手共游、把酒赋诗的地方，而今却只剩下他一人。李煜思妻成痴这种心情，在他写的《采桑子·亭前春逐红英尽》中可见一斑。

采桑子·亭前春逐红英尽

亭前春逐红英尽，舞态徘徊。细雨霏微，不放双眉时暂开。

绿窗冷静芳音断，香印成灰。可奈情怀，欲睡朦胧入梦来。

他还在他的一首《感怀》诗中无可奈何地叹息道："空有当年旧烟月，芙蓉城上哭蛾眉。"尽管李煜对爱妻百般思念、千般想念，都不能让美丽的娥皇死而复生。所谓"上穷碧落下黄泉，两处茫茫皆不见""天长地久有时尽，此恨绵绵无绝期"，正是后主痛失娥皇后心情的真实写照。

娥皇的去世，让李煜陷入了无尽的后悔与追忆之中，用"哀苦骨立，杖而后起"来形容他那时的惨状，丝毫也不夸张。

怀念·悼亡之词

　　月圆之夜，金陵城内万家团圆，宫内也是灯火通明。李煜独自静立在书房里，他对娥皇的想念更加强烈了。他抬眼望去，头顶上的苍穹泛着灰蓝色的光芒，明月的清辉静静地照耀在宫墙上，天际空旷，星辰明亮。

　　在这万家团圆的时刻，失子之悲与丧妻之痛在李煜的身体里越聚越多，他再也抑制不住自己的情感，在哀痛蔓延至全身的那一刻，挥笔写下了两首《挽辞》。

挽辞·其一

珠碎眼前珍，花凋世外春。

未销心里恨，又失掌中身。

玉笥犹残药，香奁已染尘。

前衰将后感，无泪可沾巾。

挽辞·其二

艳质同芳树，浮危道略同。

正悲春落实，又苦雨伤丛。

秾丽今何在？飘零事已空。

沉沉无问处，千载谢东风。

诗歌言辞悲切，将李煜忧思无尽的苦情表达得穷哀至恸，令人备感悲戚。第一首诗重在写李煜面对亲人离世时的悲痛，首联和颔联痛述丧子亡妻接二连三的打击，颈联写旧物仍在而人已永逝，尾联写悲哀过度后的麻木。第二首诗则着重抒写李煜独自存活的生命哀伤，首联写妻子正当盛年却撒手人寰和儿子正在成长却早早夭折，颔联写丧子和亡妻之间的时间间隔之短，颈联写关于生命的所有疑问都无问处且无可问，尾联写了诗人因为怕春风引起哀思而愿春风不要再来的心情。

李煜的这两首诗歌流传出去以后，看到的人无不痛哭流涕，深感李煜对娥皇的情感之真切。

作为一国之主，李煜全然无心政事，他像极了一个孤立无援的孩童，只想一味地沉浸在自己悲伤的世界中作诗填词，怀念他的娥皇。

临江仙

秦楼不见吹箫女，空余上苑风光。粉英金蕊自低昂。东风恼我，才发一衿香。

琼窗梦醒留残日，当年得恨何长！碧阑干外映垂杨。暂时相见，如梦懒思量。

书琵琶背

侁自肩如削，难胜数缕绦。

天香留凤尾，余暖在檀槽。

公元 965 年的正月，李煜举行国丧，将周娥皇葬于懿陵。

岁月不堪回首，有些记忆每次回想起来，便是锥心般的疼痛。如下这首词便是李煜当时心情的真实写照。

喜迁莺

晓月坠，宿云微，无语枕频欹。梦回芳草思依依，天远雁声稀。

啼莺散，余花乱，寂寞画堂深院。片红休扫尽从伊，留待舞人归。

天边的晓月已经慢慢坠落了，晚上的云也开始消散，天也快亮了吧。这本应该是熟睡正酣的时候，可自己却一直醒着，辗转反侧，难以入眠。梦里梦到了思念的人，午夜醒来时思念已极，再也无法入睡。本想借着雁队与远方的人互传相思之情，可是天边甚远，鸿雁难来，自己的相思无法寄出，伊人也音信无凭，依依的思念，无处可以托付。

如果爱过即是一辈子，那么李煜跟娥皇十年的相爱相守，也算完整的一辈子了。

第三卷

心事数茎白发

　　"一壶酒,一竿身",面对北宋政权宋太祖赵匡胤的步步紧逼,李煜只能把自己所有的希冀都安放到佛门中,祈求佛祖能救他出苦海。他一度把佛教当成是自己的精神鸦片,称"赖问空门知气味,不然烦恼万涂侵"。

相看无限情

　　大周后娥皇离世以后，皇后之位就空了出来。国不可一日无君，也不可一日无皇后。因此，李煜的母后钟太后希望能有一个贤良的女子来接替大周后娥皇的位置。钟太后非常中意娥皇的妹妹，那时她19岁。李煜也喜欢她，两人都有心把她扶上后位。

　　可就在李煜一心张罗着想要续娶小周后的时候，上天却又给了他重重的一击。在大周后娥皇死后的第二年，他的母后钟太后也离世了。痛失爱子、爱妻、母后这样的人间悲痛，独独全落在了他的身上。此时的李煜只能强忍着悲痛，将母后葬在了先皇李璟的陵墓旁边。太后的离世，按照南唐国例，三年之内是不允许办喜事的，更不能举办任何形式的歌舞和娱乐活动。

母亲的离世，又让心思敏感的李煜沉寂了许久，这接二连三的打击，让李煜的精神世界垮了一大半。在这期间他郁郁寡欢、闷闷不乐，最后在小周后的不断安慰和鼓励下，才一点点恢复过来。

当年娥皇与李煜成亲时，小周后才5岁。因为姐姐入宫的原因，她经常到宫中陪伴姐姐，并在宫中游玩。她与李煜很早就相识了。待小周后长到18岁，也出落得和姐姐娥皇一样。论才情，各有长处；论长相，不差上下，都是绝色美人。《南唐书·昭惠后传》形容小周后"*警敏有才思，神采端静*"，赞她"*貌尤绮丽*"。大周后娥皇已故，李煜把自己的爱都放在这个与姐姐有几分相似的妹妹身上。

李煜是真实的，他的情感，他的真诚，掺不得半分假。他虽然无法左右自己的宿命，无法左右南唐国的命运，但他却能左右自己的一颗真心。

在朝堂上，他是一国之君；在朝廷下，他是小周后情意痴迷的夫君。他们恩爱，他们作乐，他们在属于自己的神仙园林里，快活得不得了。

在别人眼里，他或许是醉生梦死、不问世事的，也只能看到他贪图享乐的一面。但又有谁能看得到那背后隐藏的痛苦呢？在别人面前，他要佯装强大；在爱人面前，他才可以尽情地做自己。

开宝元年（968 年）十一月，李煜为母后守丧三年期满，根据礼制，筹办婚礼，立小周后为国后。虽然是第二次立后，但礼节方面却丝毫不亚于第一次迎娶大周后娥皇。

婚礼在十一月举行，在婚礼前夕，按照古代的惯例，提亲时需要一对大雁，以寓诚信忠诚。可那时正值深秋，大雁早已南飞，已经等不及的李煜，不得已只好找一对大白鹅代替大雁，前往周家提亲。

大婚那日，南唐举国上下一片欢腾，对于国家来说，这实在是不可多得的喜事。在战场上，他们没有取得傲人的成绩，只能趁着李煜大婚这样的日子来冲冲喜了。

身处乱世之中，北宋政权又虎视眈眈，无时无刻不在觊觎着自己的国家，李煜的烦心事可以说是数之不尽。大周后娥皇去世后，李煜的烦闷也只能在小周后这里倾诉。或许正是因为彼此的存在，才让这两个人的生活变得鲜活起来。他们在春盛花开时赏花对饮，饮酒赋词，也算是过了一段神仙眷侣般的生活。

李煜心情好些时，便作几首诗词，抒发下心中的惬意感受。《子夜歌·寻春须是先春早》便是其中的一首。

子夜歌·寻春须是先春早

寻春须是先春早，看花莫待花枝老。缥色玉柔擎，醅浮盏面清。

何妨频笑粲，禁苑春归晚。同醉与闲评，诗随羯鼓成。

寻春之事，历代文人墨客都做过，可惜的是好花不常开，好景不常有。对于他们来说，春天的明媚总是短暂的、易逝的，还没来得及抓住剩余的春光，就已来到了盛夏。

宫廷享乐生活，欢歌美酒、溺于春光美人的心态和追求，令李后主稍许安闲下来。可世间事就是这样，不可能一直顺遂，总要吃点苦头，才叫人生。

李煜看着眼前这个 18 岁的少女，想起当初自己娶娥皇时，也是 18 岁。那时他还不是君王，只是皇子，拥有最简单的快乐。而如今小周后也是 18 岁，正是明媚的年纪。他想给她幸福，给她一池春水的快乐。

李煜也没辜负小周后，在万千佳丽的后宫中，独宠小周后一人。

小周后生性奢侈，李煜为了博得她的欢喜，就用嵌有金线的红丝罗帐装饰墙壁，以玳瑁为钉；又用绿宝石镶嵌窗格，以红罗朱纱糊在窗上；屋外则广植梅花，于花间设置数处彩画的小木亭，仅容二人相对而坐。每逢春盛花开，小周后便将梅花折下插于瓶中，放在梁栋、窗户、墙壁和台阶上，号为"锦洞天"。

在这个别有一番滋味的"锦洞天"里，他们过得像醉人的花朵，肆意地张扬绽放。偶尔作词、偶尔采花、偶尔相视一望，像是过了千年之久。

他们赏花、作词，还喜焚香。李煜会命人将香味很浓的梨木挖成碗状，然后把沉香放在里面熏，接着再放入帐内，这样里面就会香气袭人。

香也成了他们雅致生活的一部分，变成的文字绵绵绕绕，跟他们一起缠绵在醉人的世界里。

菩萨蛮

蓬莱院闭天台女，画堂昼寝人无语。抛枕翠云光，绣衣闻异香。

>潜来珠锁动，惊觉银屏梦。脸慢笑盈盈，相看无限情。

这样美好的日子，若是能就这样一直延续下去，那该有多好。只是这个国家表面看上去相安无事，其实早已暗潮汹涌。

风流如斯

　　每个在李煜世界中路过的女人，都留下了深深的印记，这种深情，无一不在消耗着他的精力。

　　唯美的文字里面透露的是李煜那敏感细致的心，对于普通人来说，称得上是风流不羁，而对于帝王来说，却有着骄奢的意味。但人心究竟是人心，难辨是非，同样难以用理性压制。

　　大周后走了，带给了李煜无边的痛苦；小周后的出现，渐渐地淡化了他的悲痛。小周后与大周后很相似，她们不仅容颜同样俏丽，而且也同样精通音律，能歌善舞，玉箫吹得十分娴熟动听。

　　小周后，成了李煜的"安抚剂"。一个是儒雅君子，一个是青春灵动美娇娘，都喜爱诗词，相互爱慕。两个人的感情，在时光的流逝中慢慢升温，虽然感情要好，但二人并没有立即成婚。因为在大周后去世后不到 10 个月，后主的母亲钟氏又故去了，按照惯例，李煜必须服丧三年后才能成婚。

李煜心里苦闷至极，自己与小周后相爱，却不能在一起。小周后虽然同住宫中，守孝的惯例就像一条银河一样，横亘在他们眼前，让他们相见却不得相拥。

两个深情的人，如何能耐得住长久不相见的寂寞？于是他们只得在傍晚偷偷约会，一吐相思之情。

李煜痛恨，却又无可奈何，只得把怨念化成诗词。

> 迢迢牵牛星，杳在河之阳。
>
> 粲粲黄姑女，耿耿遥相望。

七月七日，是李煜的生日，他用诗词托物言情，表达了对自己和小周后近在咫尺，却因为礼教束缚而不能尽情爱恋的怨恨。

一天晚上，李煜十分想念小周后，便写了一个短笺，偷偷派人交由她，约她出来到画堂南侧相见。情到深处时，他写了一首《菩萨蛮》。

菩萨蛮

花明月暗笼轻雾，今宵好向郎边去。

刬袜步得阶，手提金缕鞋。

画堂南畔见，一向偎人颤。

奴为出来难，教君恣意怜。

李煜的的词极细致美妙，尤其是"奴为出来难，教君恣意怜"这二句，更是广为流传。后世有不少画家以李煜的这首词为题材，把他们幽会的情景，画入自己的画中。其中著名的一幅画，就是清代女画师周兼画的《南唐小周后提鞋图》。

李煜与小周后约会期间，写下的诗词有很多。这些诗词大都精致纤巧，情真意浓，说尽了偷情生活的欢愉和相思之苦，

当然，小周后也同样深情于李煜。一次宴会中，她为了让李煜开心，亲自吹笙伴舞助兴。吹奏中，李煜向小周后投来爱意的秋波，两人顾盼传情，心思暗许。《菩萨蛮·铜簧韵脆锵寒竹》便是他当时心境的真实写照。

菩萨蛮·铜簧韵脆锵寒竹

铜簧韵脆锵寒竹，新声慢奏移纤玉。

眼色暗相钩，秋波横欲流。

雨云深绣户，来便谐衷素。

宴罢又成空，魂迷春梦中。

"眼色暗相钩，秋波横欲流"，这两句诗生动地写出了小周后多情而大胆的春心。她年纪青春，正值美好年华，如此如花美眷，似水柔情，怎不叫风流才子怦然心动而至"魂迷春梦中"呢。

好在三年的时光不算太长，公元968年，李煜服丧期限已满，立小周后为国后。

李煜把所有的感情都给了小周后，对她宠到了骨子里。小周后一人受到专宠，其他妃嫔自然也想效仿小周后来赢得李煜的心。可小周后只有一个，再怎么效仿，又如何会一样呢？

可后宫的佳丽都不肯轻易放弃这种效仿。漫漫长日，总有法子。在那场旷日持久的争宠斗争中，只有几位宫娥引起了李煜的注意，并偶而得到宠幸。她们分别是黄氏、流珠、秋水、乔氏和窅娘。

这几个宫娥，各有各的不同。黄氏雅静秀丽，顾盼神飞，她懂得投其所好，潜心钻研书法，有几分才艺。之后被李煜委以重任，让她典守宫中的图籍和书法真迹。

流珠，她是大周后的贴身侍婢，耳濡目染，也能弹得一手好琵琶。她是个聪明的人，她把大周后生前最得意的两首曲子《邀醉舞破》和《恨来迟破》，弹得出神入化。李煜爱屋及乌，对她也很欣赏。

秋水最为浪漫单纯，为博得李煜的欢心，她天天在鬓角插上一串香气四溢的花，走到哪里，香气就带到哪里。因为身上有奇香，蝴蝶都围着她翩翩飞舞，煞是好看。看到这个场景的李煜，自然不会忽略掉秋水，对她怜爱起来。

乔氏与其他人都不一样，她性格内向，举止沉稳，不露声色地迎合着后主。对于李煜，她自然也有一番了解。她知道李煜信佛成癖，于是一门心思钻研佛经禅理，经常同李煜谈论佛道。李煜还曾亲手写下金字《心经》一卷，赠予她。

这几个人中，最值得一提的是宫娥窅娘。她心思最为奇巧，也最为刻苦。她身材颀长，皮肤白皙，腰肢纤细，手臂柔软，一副天生的舞蹈料子。

她来自江南水乡，本是采莲女，被选进后宫后，专门从事歌舞表演，她尤其擅长表演由王昌龄的《采莲曲》改编的采莲舞。

她曼妙的舞姿，深得李煜的欢心。

李煜心血来潮，有一个美妙的想法。他下令用黄金铸造一朵六尺高的巨型莲花作为舞台，然后让窅娘在莲台上表演舞蹈。

对此，窅娘受宠若惊，为了博得李煜的欢心，她不惜自残身体，用素帛把双足层层缠紧，只是为了能够在小小的莲台上平衡身体，展示出更加美丽的采莲舞。

从此，她开始日夜苦练，终于掌握了用足尖支撑身体跳舞的技巧，最终，她创造出一种独特的舞步。据说，这"古代芭蕾"的出现，令人耳目一新，她那新颖别致的舞姿，精湛的舞艺惊呆了李煜及观赏的人。一些宠臣为讨李煜欢心，纷纷吟诗赞叹，其中以齐镐的诗最为有名。

莲中花更好，云里月常新。

窅娘自残形，体殊非得已。

正是这绝妙的舞姿，引得别人争相学习。为了学得她那一步三摇、曼妙无比的步态，也有人开始用布帛缠足。加之后期封建统治者的推波助澜，终于酿成了从宋代开始妇女缠足的习俗，这种习俗，一直到民国初年才被强制取消。

"风流总被雨打风吹去"，作为皇帝，李煜的心是柔软的，柔软的想用所有的美丽的句子，来看待周围的一切，但他也是随性的，随性到忘记了这个世间有很多事情，是无法用愁怨来分解的。

一曲惆怅，风流如斯。

寄心于佛

　　美好的时光总是流逝得很快，让人来不及回味。李煜与小
周后甜蜜快乐的日子，其实并没有持续太长时间。

　　李煜面对北宋王朝的步步紧逼，却没有生出一丝反抗之
心，他想的只是在这个乱世之中平安地活下去罢了。他平安了，
子民平安了，国家平安了，于他而言，就足够了。在政治上，
他是仁慈软弱的，他以为隐忍与退让可以换来宋太祖赵匡胤的
同情，但事实上却于事无补。他每退让一次，他的国家就多一
分危险。加上南唐国土地肥沃，物产丰富，对于有一统天下之
心的赵匡胤来说，必须打下南唐，两国之战是必不可少的。他
不可能因为南唐岁岁向北宋进贡，就一直与南唐相安无事。

　　李煜曾在《即位上宋太祖表》里表达过自己只想当隐士，
不想当君王想法，他希望宋太祖给南唐一个存活的机会。

即位上宋太祖表

臣本于诸子，实愧非才，自出胶庠，心疏利禄，被父兄之荫育，乐日月以优游，思追巢许之余尘，远慕夷齐之高义，既倾恳恻，上告先君，固非虚词，人多知者。徒以伯仲继没，次第推迁。

先世谓臣克习义方，既长且嫡，俾司国事。遽易年华，及乎暂赴豫章，留居建业，正储副之位，分监抚之权。惧弗克堪，常深自励，不谓奄丁艰罚，遂玷缵承，因顾肯堂，不敢灭性。

然念先世君临江表，垂二十年，中闲务在倦勤，将思释负，臣亡兄文献太子从冀，将从内禅，已决宿心，而世宗敦劝既深，议言因息。及陛下显膺帝籙，弥笃睿情，方誓子孙，仰酬临照。则臣向于脱屣，亦匪邀名。

既嗣宗祊，敢忘负荷？惟坚臣节，上奉天朝，若曰稍易初心，辄萌异志，岂独不遵于祖祢，实当受谴于神明。方主一国之生灵，遐赖九天之覆焘。况陛下怀柔义广，煦妪仁深，必假清光，更逾曩日，远凭帝力，下抚旧邦，克获宴安，得从康泰。

然所虑者，吴越国邻于敝土，近似深雠，犹恐辄向封疆，或生纷扰，臣即自严部曲，终不先有侵渔，免结衅嫌，挠干旒宸。仍虑巧肆如簧之舌，仰成投杼之疑，曲构异端，潜行诡道。愿回鉴烛，显论是非，庶使远臣，得安危恳。

文中的字字句句都透露着真情实意，表明李煜只想追随巢父、许由、伯夷、叔齐的足迹，宁当隐士，也不想继承南唐的王位。

他还曾写过《渔父》，表达自己想要追求悠哉快乐的生活，不想在官场里明争暗斗、尔虞我诈。如今命运错位，把他逼到这种地步，可他生在这乱世，却是半点不由人。

或许李煜的性格已注定了他的结局。李煜饱读诗书，非常喜爱儒术，他当上皇帝以后，经常在朝堂上与大臣讨论儒术，他提倡效法孔孟的主张思想，以仁政治国。有一次，李煜与大臣们谈经论史，感慨世风日下，没多少人相信"周公仲尼"的高尚举止，遗憾地道："周公仲尼，忽去人远，吴道无塞，其谁与明？"这句话的意思，是说周公与孔子的儒家之道没有多少人可以领会。

李煜虽然继承了"孔孟之道"主张的仁爱思想，但他却并没有真正领会到治国平天下的精髓和道理。在那个战乱时代，仅靠儒术是不能解决天下事的。很多东西需要结合，只有结合好了，才能开辟出一片新的天地。

后来李煜死后，昔日的旧臣徐铉为他所作的祭文中，有这样几句话："草木不杀，禽鱼咸遂。赏人之善，常若不及；掩人之过，惟恐其闻。"讲的就是李煜宽厚仁慈，不肯苛责别人的过错。虽然这是李煜值得称颂的优点，其实也是害他失家亡国的缺点。

面对赵匡胤的步步紧逼，李煜只能把自己所有的希冀都投放到佛门中去，祈求佛祖能救他出苦海。他一度把拜佛当成精神鸦片，宣称"赖问空门知气味，不然烦恼万涂侵"。

李煜主张大力扩建寺庙，金陵城内放眼望去，到处都是寺庙。唐代诗人杜牧曾在诗中形容"南朝四百八十寺，多少楼台烟雨中"。当时南唐的僧人是不用缴纳赋税和服兵役的，只需去寺庙剃发出家，国家就会承认僧人的身份。如果有道士中途改当和尚的，会奖励二两金子。正因为当了僧人不纳税，还能吃饱饭，前去当僧人的人与日俱增，光金陵城就有几万僧人。

李煜不但自己醉心佛事，还把小周后拉进了佛门之中。两人亲身垂范，身体力行，戴帽披袈，朗诵经卷。为了表示虔诚，李煜还经常磕头下跪，以至于额头磕肿，长出了赘瘤。

李煜还给自己取号为钟山隐士、莲峰居士，一心想要皈依佛门。他的这番举动，实际就是把自己无法解决的事情托放在一个能有所依靠的庙宇中，以寻得心灵上的依托。

他走向佛，想问一问慈悲的佛，他该怎么办？

李煜的扩庙招僧事件，当然也给了虎视眈眈的北宋王朝一个绝佳的机会。赵匡胤正愁自己的手下无法进入南唐打探军事情报呢，李煜的招僧，使得北宋王朝的军探可以扮成僧人潜伏进去。

这个人自称"小长老"。他利用种种手段来到李煜的身边，他的"高谈论阔"以及对佛教的精解，很快就赢得了李煜的信任，并成为了他的精神导师。

面对这个在现实中的"佛陀"，李煜言听计从，对"小长老"不敢有半点懈怠。

一次，"小长老"发话，说前来皈依的僧人太多了，房子不够住，需要扩建一千多间僧房。话音刚落，李煜就连忙吩咐手下人照办。

那时的李煜无心打理朝政，只信烧香拜佛。以为拜好了佛，朝政自然就风平浪静了。

经过大规模的扩庙招僧后，南唐国本来就薄弱的财力更加入不敷出了。国库空虚，已难支撑国家养兵的粮饷，因此，军中士气低迷。

　　在南唐万分危急的时刻，一部分大臣也跟随皇帝，一头扎进香灰中烧香拜佛，还有一部分大臣独善其身，睁眼闭眼地混着日子，好像南唐的生死，已经与自己无关。

　　国家走到这一步，该去责怪谁呢？后世有不少人说李煜软弱无能，也有不少人说李煜接手这个国家时，本就是一摊烂泥……

覆巢之势

公元 973 年的七夕，李煜 36 岁生日。宋太祖赵匡胤派使者前去南唐给李煜祝寿，还带话说自己喜欢江南烟雨朦胧的风光，想要一幅江南地图。

李煜听闻使者的话之后，马上连夜派人画了一幅江南地图，为了不出差错，连夜进行勘校、审核。由此可以看出，李煜对宋王朝是多么地小心翼翼。

李煜虽然不精于政治，但他也知道宋太祖的厉害，如今宋太祖开口要图，说明自己的南唐已经岌岌可危了，大宋的一只脚已经跨进了南唐的疆土了。

李煜委曲求全，再三退让，低声下气地恳求宋太祖赵匡胤能让他保留自己的自留地和自治区。但赵匡胤只是冰冷地给出一句"不行"，这让李煜彻底陷入了悲观绝望的境地。《新五代史》记载："煜尝怏怏以国蹙为忧，日与臣下酬宴，愁思悲歌不已。"

朝廷中的臣子或心有余而力不足，或不思为国出力。李煜一人蜷缩在无人的寝宫，怀着叹惋和抑郁写下了《开元乐·心事数茎白发》。

开元乐·心事数茎白发

心事数茎白发，生涯一片青山。

空山有雪相待，野路无人自还。

身为君王，他如履薄冰，战战兢兢，每天都像活在刀刃之上，背负着随时亡国的凶险。

在他寄情于歌舞快乐的同时，佞臣贼子把真实的想法沉溺到了肚子里，把附和君王的那套拍马屁之能事发挥得淋漓尽致。当然，也会有忠臣昂首站出来，顶着掉脑袋的风险，不顾一切地向李煜进言献策，拯救南唐颓势。林仁肇就是这其中的一个。

林仁肇是一位征战多年的将军，忠君爱国，他的性格刚强坚毅，武艺超群，在军队中有极高的声望，对南唐一片赤胆忠心。

在北宋王朝攻打南汉时，林仁肇曾向李煜谏言，说北宋的军队千里行军而来，肯定会十分疲惫。而南唐在淮南地区防备十分薄弱，可以利用这个机会，拨给他几万精兵，打过长江去，巩固淮南地区的防务。

林仁肇为了向李煜表明自己的忠贞之心，他还建议李煜把自己一家老小全部抓起来，如果被朝中大臣们问责起来，就说攻打长江的计划是他一个人的主意，跟南唐朝廷没有任何关系。

这是一片怎样的赤胆忠心呢？如果成功了，国家得利；如果失败了，罪责将全部推到林仁肇的身上。可就是这样的赤诚，没有任何杂质的建议，却被李煜笑着否决了。

李煜的身上总是缺乏某种力量，这种力量或许是胆气与果断之心。一个君主如果缺乏这些，就算不上是一个好的君主，不管他的心多么赤诚。

李煜被林仁肇的建议吓破了胆，他让林仁肇不要胡言乱语。在李煜看来，与宋王朝和平相处或许还有一线生机，如果真的按照林仁肇的话去做，自己的南唐江山可就真的彻底不保了。

林仁肇对李煜来说，是很重要的一员虎将，也是南唐国很重要的一员虎将。可李煜一心求和，把他当成了与宋朝之间和解的不稳定因素。

李煜不但没有采纳林仁肇的意见，反而还把他从防卫宋王朝的武昌前线调离，派其到江西南昌去做南都留守兼南昌尹。李煜就这样把一个有勇有谋、带兵打仗的将领，从前线调到了后方。

林仁肇的威望和名气自然也是宋太祖赵匡胤夺取南唐的拦路虎，他要想办法除掉南唐国这一员猛将，让自己进军南唐再无后顾之忧。如今林仁肇虽然被李煜调到了后方，但他毕竟还活着。

为了除掉林仁肇，赵匡胤使了一出反间计。

李煜有个弟弟叫李从善。一日，他代表南唐来向北宋献贡赋，赵匡胤便装得十分好客的样子，把他带到一间收拾得整洁、舒适的房间。赵匡胤说这间屋子里收藏了不少名画和奇石，过几天会有贵客来访并留住此屋。李从善一眼就看到墙上挂着一幅林仁肇的画像。李从善心中大惊，表面上不动声色，回去后就慌忙把看到的一切告诉了李煜。李煜听闻消息，感觉难以置信。对林仁肇这种敢于冒死进谏的忠臣，说他会叛国投敌，他不相信。但是给自己通报消息的人是自己的亲弟弟，这又不得不让他起疑心。

李煜的心纠结成一条麻花绳，在无形中系下了一个死结。那时正逢南唐朝廷内的派系斗争，这场斗争让李煜将这个死结越系越紧。

林仁肇原本不是南唐本国的将领，他是从闽国投降过来的。因为其能征善战，因此在军中威望很高。常言道：树大招风，他的威望太高，自然就会威胁到朝廷里某些人的官位或利益，这些人就在李煜面前煽风点火。虽然他们平时不能拿林仁肇怎么样，但如今这些人抓住了他的小辫子，自然会在李煜面前胡说一通，说要防着林仁肇；说他要谋反；说他在江西划地为王，不敬朝廷……

如果说林仁肇降宋的事不可全信，那么这些人的"妖言惑众"就不得不让李煜动心了。不管林仁肇是投降也好，起兵也罢，总之是留不得了。

平时对犯错的大臣，李煜经常是睁一只眼，闭一只眼。这次李煜心一狠，命人把林仁肇毒死了。在南唐最需要忠心耿耿的将领力挽狂澜、保家卫国的紧要关头，李煜这样做，无异于自毁长城。

一步错，步步错。赵匡胤的反间计，为后来宋王朝进攻南唐清除了一个大障碍，而此时宋王朝对南唐的进攻也已经是箭在弦上，不得不发了。

再失忠臣

用"人在屋檐下，不得不低头"来形容李煜再合适不过了。公元 1966 年，宋太祖赵匡胤给李煜下诏，让他写一封信给南汉的皇帝，劝南汉皇帝归顺大宋朝。

李煜接到诏书之后，内心很是惆怅悲凉，心想自己毕竟是堂堂的一国之主，但现在却必须听命北宋政权，任其摆布。

迫于形势，李煜只好照办，他命员外郎潘佑以南唐的名义给南汉的皇帝写信，劝他投降大宋。结果李煜吃了个闭门羹，南汉的皇帝对此无动于衷。

李煜只好又以自己的名义写一封信，劝南汉的皇帝认清形势，弃暗投明，归顺宋朝。这次李煜等来了南汉皇帝的回信。回信的内容不堪入目，南汉皇帝不仅在信里大骂李煜厚颜无耻，还把他派去送信的人囚禁起来了。

　　李煜对此无可奈何，他两面受挫，只得把与南汉的写信之事一字不落地让人上报给宋太祖赵匡胤，告诉赵匡胤自己已经尽力了。

　　其实，李煜心里也知道，南唐如同倾覆的巢，安能有完卵？现在虽还未亡国，只不过是苟延残喘罢了。等北宋灭掉其他国家之后，自己的国家也将被吞掉。他不是南唐的救世主，他也无能为力。李煜现在唯一能做的就是借酒浇愁，麻醉自己。

　　然而，朝中还有一批忠肝义胆的忠臣，他们纷纷上书李煜，让他振作精神，打理朝政，拯救南唐子民。

　　敢于谏言的忠臣潘佑在这危机关头，不顾生死，上书给李煜进言。

　　潘佑一连写了七封谏书，字字忠诚。可是李煜看过之后，也不正面回答他的问题，只是口头赞扬了他一番。

　　潘佑见此无效，最后干脆豁了出去，写了第八封谏书。只是在这第八封谏书里，言辞不再是礼貌和缓的，而是异常激烈甚至带着火药味的。在第八封谏书里，潘佑大骂李煜不是贤明之君，骄奢淫逸、贪恋美色，是亡国之主。我们在这里引用一段来品味一下。

古有桀、纣、孙皓者，破国亡家，自己而作，尚为千古所笑。今陛下纵容奸臣，败乱国家，不及桀、纣、孙皓远矣。臣终不能与奸臣杂处，事亡国之主。

陆游在《南唐书》中曾记载过潘佑上书的情景："愤切上疏，极论时政，历诋大臣将相，词甚激讦。"

然而悲剧也正是从这里开始的。

潘佑有一个好友叫李平，此人同样才学广博，甚为南唐的现状担忧，平日里也会对朝廷予以抨击。于是那些猥琐的奸臣就向李煜举报，说李平煽动潘佑以下犯上，藐视朝廷。

李煜听信了这些谗言，将潘、李二人一并打入牢中。最终，潘佑自杀于家中，李平自缢于狱中。

后来，李煜很快就发现了自己的错误，后悔不已。据《钓矶立谈》记载："后主既已诛佑，而察其无他肠，意甚悔之，是以厚抚其家，语及佑事，则往往投馈，至为作感伤之文。"

什么意思呢？大概意思就是错杀潘佑之后，李煜非常后悔，给潘佑的家眷发了非常丰厚的抚恤金。只要别人一提到这件事，李煜就茶不思饭不想，暗自落泪。

李煜杀忠臣的局面是难以挽回的，国家到了最后灭亡的时刻，不少忠臣以各自的言行表达了对国家的绝望。除去潘佑与李平外，还有一个叫廖居素的大臣，也是少数敢于谏言的忠臣之一。

廖居素在给李煜上完谏书之后，没有得到李煜的回应，他便直接关起门来绝食。后来他的家人发现他整整齐齐地穿着官服，站着死在一口井里。他留下的遗书，只有短短数字："吾之死，不忍见国破，而主辱也。"

后来南唐国被宋朝所灭，李煜长叹道："当初我错杀潘佑、李平，悔之不已！"李煜悔的又何止潘佑、李平之事呢？那些看不到国家希冀和前途、慷慨赴死的人，李煜又何尝不亏欠他们。

如果李煜只是一个民间文人，人们会记得他的好文章，好画作，没有人会去讨论他是否是一个合格的君王。

李煜在大宋朝面前，活得像只弱小的蚂蚁。李煜，是腐败，是无能，还是昏庸？只能留给后人评说了。

第四卷

樱桃落尽春归去

　　十五万大军就此丢盔弃甲，土崩瓦解，李煜知道最后的一线希望也破灭了。如果祖父、父亲在天有灵的话，他们会发出哀号吗？历尽千辛万苦建立起来的国家，不过三代，就要眼睁睁地看着它灭亡了。

虎豹熊罴

　　宋太祖赵匡胤出生时极为不凡，据说他出生时，身带奇香。或许帝王的出生，多多少少都会带些传奇色彩。只是他这个帝王与平常的天子不太一样，起码与南唐的李璟和李煜不太一样。

　　李璟把一手好牌打得稀烂，李煜没有扭转乾坤的能力，在四面楚歌的困境中，偏偏又出现了赵匡胤这个虎豹熊罴。

　　赵匡胤出身于行伍世家，高祖赵朓，在唐朝官至幽都（今北京）县令；曾祖赵珽，是唐朝御史中丞；祖父赵敬，历任营、蓟、涿三州刺史。家庭的熏陶给了赵匡胤极其深刻的人生启蒙，幼小的他很爱动脑筋，为人也很聪明灵动。

　　长大成人后，他四处游历。一次，赵匡胤游历到襄阳时，因没找到住的地方，便在一座寺庙中住下。庙里有一个老和尚擅长看面相，看到赵匡胤非凡的面相后大吃一惊。对他说，要往北走，在那里他会有奇遇。说完，还拿出自己的银两资助赵匡胤。

老和尚的一番话，彻底改变了赵匡胤的命运。

赵匡胤一路向北，于公元 948 年，他投身到后汉枢密使郭威的帐下，一同参与征讨河中节度使李守贞。因为赵匡胤武艺高强，所以屡立战功，深得郭威的喜爱和重用。

公元 951 年，郭威称帝，建立后周。赵匡胤补任东西班行首，拜滑州副指挥使。

公元 953 年，郭威的养子柴荣为开封府尹，赵匡胤转为开封府马直军使。

公元 954 年，柴荣即位，改称周世宗。这时的赵匡胤一直受到郭威父子的倚重，在朝中的地位也不断上升。柴荣即位后，擢升赵匡胤执掌禁军。是年，恰逢北汉、契丹联合入侵后周，柴荣御驾亲征，双方在泽州高平（今山西高平）摆开战场。

在大战即将开始之际，阵前宁江军节度使不战而逃，让后周军陷入艰难的境地，情况十分危急。

　　这时候如果没有一个有勇有谋的将领挺身而出，后周军将会全军覆灭。在这生死关头，赵匡胤站了出来，振臂高呼道："主上面临险境，我等当拼死一战！"随即又让禁军大将张永德率弓箭手抢占左边高地，命赵、张二人各率精兵两千左右夹击，以死相拼，顿挫敌锋，加上有世宗柴荣亲临督战，后周军队士气大振，经过一番殊死搏斗，打败了北方入侵者。

　　战斗结束后，赵匡胤被任命为殿前都虞候，任严州刺史。

　　公元 956 年春，赵匡胤再次出战。他跟随柴荣征伐淮南，首战便在涡口（今安徽怀远东北）。那次战役的主要攻击对象是南唐的军队。赵匡胤在此次战役中打败南唐军万余人，还斩杀了南唐兵马都监何延锡等人。

　　赵匡胤进攻威猛，南唐奉化军节度使皇甫晖、常州团练使姚凤率领十五万人的军队，驻扎在清流关（今安徽滁州西郊关山中段），却被赵匡胤率军打得丢盔弃甲，一败涂地。赵匡胤追到城下，皇甫晖请布阵决胜，赵匡胤笑着同意。皇甫晖摆好阵式出战，赵匡胤抱着马脖子直冲南唐军阵内，砍下皇甫晖的脑袋，并将姚凤擒获。不久，赵匡胤又在六合东面打败南唐齐王李景达，斩杀一万多人。班师回朝后，赵匡胤被任命为殿前都指挥使，不久又被加授为定国军节度使。

赵匡胤的成功是靠一次次的战役，屡建战功得来的。每次他都毫不畏惧，毫不退缩，因此，在军中树立了极高的威信。

公元 957 年春，赵匡胤跟随世宗柴荣出征寿春，一举攻克连珠寨，乘势攻下寿州。回朝后，柴荣又升他为义成军节度使、检校太保，仍任殿前都指挥使。同年冬天，赵匡胤跟随柴荣征伐濠州、泗州，充当前锋。南唐军队一遇见北周军队，除了畏惧外，再无其他。

濠州战役时，南唐军队在十八里滩扎寨。柴荣刚刚商议完用骆驼摆渡军队时，赵匡胤已经率先单骑横渡而过，他的部下也紧随他渡过了河，因而一举攻破了南唐的军寨。

赵匡胤在迎銮江口打败南唐军，直抵南岸，烧毁南唐军的营寨。又在瓜步攻破南唐军，最终平定淮南。

公元 959 年，世宗柴荣驾崩，年仅七岁的柴宗训（后周恭帝）继位，赵匡胤改任归德军节度使、检校太尉。柴荣去世后，权倾朝野的赵匡胤的机会来了。

公元 960 年，也是赵匡胤彻底改写历史的一年。正月初一，风闻契丹与北汉联兵南下，宰相范质等人不辨真假，急忙派遣赵匡胤为诸军统帅，命其北上抵御。赵匡胤没有想到这次战役，会改变他今后的人生。

正月初二，赵匡胤蓄势待发，一路快步前行，统率大部队离开都城。暮色降临时，军队驻扎在了距开封东北二十公里的陈桥驿（今河南封丘东南陈桥镇）。

在陈桥驿，众人似乎都有一肚子话要说，这些人大多是赵匡胤身边的亲信部将，一场场战役打下来，他们对赵匡胤充满了敬佩之情。

在陈桥驿的那个晚上，赵匡胤的一部分亲信在将士中议论纷纷，说"今皇帝幼弱，不能亲政，我们为国效力破敌，有谁知晓；不若先拥立赵匡胤为皇帝，然后再出发北征"。

军中将士似乎早就不愿再为年幼的天子付出身家性命了，他们把愤恨与不满都写在了脸上。要说世间最容易传递的，大概就是情绪了，当有几个人是这种想法时，另外的人也会马上跟着起哄附和，兵变的情绪很快就被煽动了起来，一场"阴谋"也顺势开展。

这次"阴谋"的为首者，正是赵匡胤的弟弟赵光义和亲信赵普，他们见时机成熟，火候已经拿捏得差不多，便演了一出黄袍加身的戏码。

赵光义与赵普授意军士将一件事先准备好的黄袍披在假装

醉酒刚醒的赵匡胤身上，命人拜于庭下，大呼他为皇帝。

众人呼喊万岁的声音响彻方圆几里。这时的赵匡胤若说以前没有任何篡位的想法，那么现在的他多多少少也动了几分心思。他顺势而为，装出一副被逼迫的样子，勉为其难地说："你们自贪富贵，立我为天子，能从我命则可，不然，我不能为若主矣。"

不管篡位多么不光彩，他还是"从了"部将们的心愿。但他对拥立者们明确表示自己的想法："回开封后，对后周的太后和幼主不得侵犯，对后周的公卿不得欺凌，对朝市府库不得抢掠，服从命令者有赏，违反命令者族诛。"诸将士都应声"喏"。赵匡胤于是率兵变的队伍回师开封。

守备都城的主要禁军将领石守信、王审琦等人都是赵匡胤过去的"结社兄弟"，得悉兵变成功后便打开城门接应。当时在开封的后周禁军将领中，只有侍卫亲军马步军副都指挥使韩通在仓促间想率兵抵抗，但还没等他召集军队，就被军校王彦升杀死。陈桥兵变的将士兵不血刃地控制了都城开封。

这时范质等人才知道不辨军情真假，就仓促遣将是上了大当，但已无可奈何，只得率百官听命。翰林学士陶谷拿出事先准备好的禅代诏书，宣布柴宗训禅位。赵匡胤遂正式登皇帝位，轻易地夺取了后周政权，改封柴宗训为郑王。由于赵匡胤在后周任归德军节度使的藩镇所在地是宋州（今河南商丘），遂以宋为国号，定都开封，改元"建隆"，史称"宋朝""北宋"。

仁慈宽厚难救国

公元 970 年，宋太祖赵匡胤发兵攻打南汉。

南汉后主刘鋹庸懦无能，贪图享乐。他把治国理政的大事交给宦官，更荒唐的是，宫女也能在朝廷上参政议政。

刘鋹的主政思想荒谬而特别。他让宦官管理朝政的原因很简单，即他认为群臣都有家室，会置家庭于第一，不会于国尽忠，所以他只信任宦官，当朝臣属想要被重用，就必须先自宫。

刘鋹的这个政策实施后，朝廷里的宦官多时达两万人。

宋太祖赵匡胤攻打南汉，就如秋风扫落叶般，没费多少力气就连夺南汉的贺州、昭州、桂州和连州。

公元 971 年，宋军直逼南汉都城，刘鋹带着金银财宝和后宫嫔妃准备乘船逃离。但还没来得及出发，他们的船只就先一步被朝中的宦官盗走，刘铱无奈之下，只得投降。

公元 971 年 10 月，南汉灭亡。

南汉灭亡后，赵匡胤屯兵汉阳，对南唐疆土虎视眈眈。这让李煜非常恐惧，吓得他赶紧去除南唐皇帝的称呼，改称"江南国主"，并让自己的弟弟郑王李从善去宋朝进贡，上表奏请罢除诏书不直呼姓名的礼遇。宋太祖赵匡胤同意了，但是却把李从善扣留了下来。

同年，有人向李煜告密，说宋军在荆南建造上千艘战舰，建议李煜派人秘密焚烧北宋战船。这其实是一个很好的主意，无奈李煜胆小，害怕赵匡胤会因此而加罪于他，所以就没有同意。

当时南唐国的形势已经非常紧迫，李煜也是忧心如焚，可却无能为力，因此只能每天与臣下设宴酣饮，忧愁悲歌不已。

公元 972 年正月，李煜下令贬损仪制：下"诏"改称"教"；改中书、门下省为左、右内史府，尚书省改为司会府，御史台改为司宪府，翰林改为文馆，枢密院改为光政院；降诸"王"为"公"，避讳宋朝，以示尊崇。父王中宗李璟在位时，虽臣服于后周，但皇宫金陵台殿皆设鸱吻（殿脊的兽头）。到这时，一应器物全部弄掉，不再使用。

公元 974 年，李煜上表求宋太祖赵匡胤放弟弟李从善回南唐，赵匡胤不许。李煜为此伤怀。

都说李煜生来仁慈宽厚，的确如此。李煜还不是皇太子前，太子之位一直被人觊觎，这其中就包括弟弟李从善。李从善和大臣钟谟两个人相互勾结，想夺得太子之位。

钟谟曾经多次在中主李璟面前进谗言，说李从善为人聪慧贤明，有统领天下的才干，有帝王的气质。在抬高李从善的同时，钟谟也不忘贬低李煜，说李煜"器轻志放，无人君度"。当时李煜已被立为太子，中主李璟对进谗言的钟谟严厉呵斥，不但如此，还贬了他的官职。

钟谟被贬后，意味着李从善成为"孤家寡人"一个，再没人可以替他"煽风点火"了。但失去了依靠的李从善并没有死心。

在李璟死后，李从善妄想在遗诏中做手脚，篡改遗诏内容，图谋不轨。他向掌管遗诏的徐游索要遗诏，却被徐游义正严辞地拒绝了。李从善无奈，最后不得不就此罢手。

而今时今日，李煜还因思念弟弟李从善，又曾多次上书希望赵匡胤放胞弟回南唐。但无论李煜怎样上书诉说，赵匡胤都不为所动。李煜知道释放无望，整日牵挂李从善的安危，忧心忡忡，食之无味，夜不能寐。每次望向北方时，两行泪水就会从他的眼中流下来。

又到了一年重阳节，为了缓解李煜的情绪，也为了给他排忧解难，朝堂中的大臣联名上书奏请李煜罢朝一日，参加秋游活动。

原本是大臣们的一番好意，不料却勾起了李煜心中的伤痛。他想到自己和群臣登高望远，赏菊吟诗，而自己的弟弟却被质押在敌国，惆怅之情更是难以言表。李煜把思念之情全部融入在笔端，写下了《却登高文》。

却登高文

玉翣澄醪，金盘绣羔，茱房气烈，菊芝香豪。左右进而言曰："维芳时之令月，可藉野以登高，矧上林之伺幸，而秋光之待襄乎？"余告之曰："昔时之壮也，情槃乐恣，欢赏忘劳，惆心志于金石，泥花月于诗骚，轻五陵之得侣，陋三秦之选曹，量珠聘伎，纫彩维艘，被墙宇以耗帛，论邱山而委糟，岂知忘长夜之靡靡，累大德于滔滔？怆家艰之如毁，萦离绪之郁陶，陟彼冈矣企予足，望复关兮睇予目。原有鸰兮相从飞，嗟予季兮不来归，空苍苍兮风凄凄，心蹒蹰兮泪涟洄，无一欢之可作，有万绪以缠悲于戏噫嘻！尔之告我，曾非所宜。

　　这篇散文采用了问答的方式，字里行间都充满往日的兄弟情谊。回想两人曾经共游畅饮、吟诗作赋、好不快活的生活。抒发了昔日兄弟同聚，今天却天各一方，想见不能见的寂寥与落寞之情。同时也借着飒飒秋风来谴责赵匡胤的无情，表达了对宋朝皇帝赵匡胤给自己的国家带来灾难的愤怒之情。

　　秋去冬又来，雪花像鹅毛般飘向李煜。李煜伸手拂去飘落身上的雪花，准备离开。寂寥的天空传来雁鸣，他抬头望去，大雁排成"人"字形向南飞去。李煜低头沉思不久，就吟出一首《清平乐·别来春半》。

清平乐·别来春半

　　别来春半，触目愁肠断。砌下落梅如雪乱，拂了一身还满。

　　雁来音信无凭，路遥归梦难成。离恨恰如春草，更行更远还生。

　　李煜在走投无路的情况下，便把自己千疮百孔的身心全部交予了佛祖。他曾写过一首《九月十日偶书》，借诗来表达自己内心的悲凉境地。

九月十日偶书

晚雨秋阴酒乍醒，感时心绪杳难平。

黄花冷落不成艳，红叶飔飔竞鼓声。

背世返能厌俗态，偶缘犹未忘多情。

自从双鬓斑斑白，不学安仁却自惊。

李煜的诗词真诚尽显，无人可以比肩。可惜这位仁厚宽
容的多情才子，却偏偏错生在这个乱世的年代。

李煜整日郁郁寡欢，心中的那股愁苦无法排解。这时李
煜的心情，可以从《阮郎归·呈郑王十二弟》中看出来。

阮郎归·呈郑王十二弟

东风吹水日衔山，春来长是闲。落花狼藉酒阑珊，笙歌
醉梦间。

佩声悄，晚妆残，凭谁整翠鬟。留连光景惜朱颜，黄昏
独倚阑。

在词中，李煜借思妇来怀人，表达了对入宋不归的弟弟李从善的思念，其间还间杂有对南唐江河日下的担忧。"佩声悄，晚妆残，凭谁整翠鬟"，是期盼有人能来挽救风雨飘摇的南唐国。

因为在当时，南唐的很多人已经意识到自己的国家有亡国的危险，每个人的内心都承受着山雨欲来的压迫感，但表面上仍是一派歌舞升平、国泰民安的热闹景象，该喝酒的喝酒，该玩乐的玩乐，教坊里还在排练新编出来的舞蹈，寺庙里也依旧香火鼎盛。南唐人从上到下，都在做着自欺欺人的美梦，以此来逃避他们内心的恐惧，也在为偏安一隅寻找一个合理的借口。

或许，在李煜的内心中，对宋王朝还抱有最后一丝幻想，所以才收敛心性，以怨妇的口吻来抒发自己内心的愁闷，这才有了这首温婉含蓄的《阮郎归》。

换作以前，对于南唐国的上贡，赵匡胤应该会笑着全部接纳，然而，世道已变，无论现在李煜如何低三下四，百般恭顺，都撼动不了赵匡胤要统一天下的决心。这年秋天，宋太祖派梁迥、李穆二人先后出使南唐国，以祭天为由，诏令李煜入京。

李煜对于宋太祖的意图心知肚明，眼下做鸵鸟状来逃避事情已经毫无用处。

李煜赶紧召来大臣与之商议。众人都知道这是赵匡胤的诡计。后主此去肯定会被宋朝扣押，江山也会倒塌。于是大臣们得出了最后的结论：坚决不去。

李煜在梁迥、李穆面前表明自己的态度，他表示自己多年以来对宋朝恭敬有加，从不敢有丝毫懈怠之处。如今既然你对我无情，那么我也对你无义。虽然自己不是宋朝的对手，但自己会以死相拼，与之决一死战。如果抵抗不过，会带领家眷去自焚，即使死无全尸，被烧得灰飞烟灭，也不会去异国当俘虏。

使者梁迥、李穆听完，马上将桌子上的杯盘、碗碟随意地向四周扔去，碗盘破碎的声音清脆入耳，众人皆被吓得胆战心惊。

李煜这番话传到宋太祖赵匡胤的耳中后，只换来赵匡胤一阵大笑。《江南野史·卷三》记载了当时的情形："**此措大儿语耳，徒有其口，必无其志，渠能如是，孙皓、叔宝，不为降虏矣。**"

在赵匡胤看来，自己已经给过李煜机会，是他拒不服从，那就不能怪自己铁面无情了。赵匡胤本想不费一兵一卒地拿下南唐，但既然李煜拒不从命，他也只好发动进攻了。

一步错，终是错

公元 974 年 10 月，赵匡胤以李煜拒绝来朝为借口，遣颍州团练使曹翰领兵，从江陵水路出发，命安徽南院使曹彬从陆路出兵，水陆两处齐头并进，目的地是南唐的国都金陵城。

在这样的紧要时刻，南唐的邻国吴越竟然乘机进犯南唐的常州和润州。李煜十分气愤，派遣使者带书信前去质问吴越王，说以唇亡齿寒的道理，信中讲到如果南唐被宋朝一举攻下，那么吴越作为南唐的邻居，也定会被大宋朝灭国，因为宋朝同样不会留吴越国独自存在。

李煜这封信言词恳切，然而吴越国的君主丝毫不为所动。而是直接派人将这封信转送到了宋太祖的面前。

宋太祖见信后，淡淡地道："让前方的军队快马加鞭，给李煜些颜色看看。"

宋朝的军队兵马强盛，纪律严明，常打胜仗。

反观南唐的军队，不仅疏于操练，而且士气低下，根本无法抵挡北宋军的金戈铁马。

宋朝军队在很短时间内将芜湖攻下。南唐引以为傲的芜湖城防在宋朝军队面前根本不堪一击，脆弱得就像是个鸡蛋壳。芜湖是军事重镇，南唐三代皇帝都深知此地的重要性，所以也花了大代价，巩固芜湖的防守功能——兵多将广军饷多。但是芜湖的守军将领没抵御几日，为首的将领竟因为害怕惹怒宋朝的军队，招来屠城的灾祸，竟然大开城门，迎接宋军入了城。

"这个逆贼！"得知这个消息的李煜恨得咬牙切齿，怒火中烧。他下旨将芜湖将领的家族抄家、财产充公，族人都发配从军。

宋军攻陷芜湖后，又一路快速行军，直抵南唐的最后一个军事重地——采石矶。采石矶是长江上的重要渡口，江宽水急，地势险要，南唐生死一线，全凭采石矶护佑。

宋军几十万人马，要想直捣南唐首都金陵，必须渡过长江。然而面对波涛汹涌的长江水，他们犯了愁。这里没有桥，北方军队不谙水性，一时间难倒了作战勇猛的宋军。

就在宋太祖赵匡胤不知所措时，一个小人物的出现，给宋朝带来了希望，同时也加快了南唐灭亡的速度。

此人叫樊若水，原是南唐池州县令的儿子。这人心比天高，不屑在江南狭小的地方生存，他一心想考进士，然后谋个一官半职。然而他几次参加科考，都被考官刷了下来。既然考不上进士，做不了官，他就又想出一个主意，就是不断给南唐后主李煜写信，提建议。他想只要自己不停地写，总会被李煜看到，提拔重用。

李煜原本就沉迷于烧香拜佛之中，加上樊若水的文章并不出众，所以根本就没有理睬他。

樊若水一肚子火气没处发泄，认为李煜不懂得识人用才。心想"此处不留爷，那自有留爷处"，于是他就投奔了宋朝，希望在宋朝谋得一官半职。

这个樊若水，最后成了宋朝的功臣，替几十万宋朝大军解了长江之困。

那他是如何建功立业的？大多是说他在采石矶做了一段时间钓鱼翁，他每天白天在江边转悠，替大宋王朝渡江想办法。到了晚上，他把找来的绳索系在南岸，然后驾着船往江的另一头划，把绳索系在北岸，以此测量江面的宽窄。几十个来回后，他把长江水路情况摸了个透，同时过江的想法也在脑海里想了出来。

樊若水向宋太祖赵匡胤建议造浮桥渡江。赵匡胤听完后立即采纳他的建议，命人大量建造做浮桥用的船只，船上再用铁链和绳索一绑，铺上厚实的木板。只要到时候互相连接就可以成为一条巨型浮桥。

于是，几百艘战船乘风破浪，浩浩荡荡地顺流而下，迅速到达采石矶，准备集结渡江。

此时的李煜得知宋军快攻到采石矶了，却一点不感到害怕。因为朝中大臣给李煜吃了定心丸，说长江不是那么容易渡过来的，依照当时的条件，建桥是万万不可能的，用浮桥渡江的这种方法闻所未闻。

于是李煜下严令保障南唐水军的补给，以扩大水军数量，李煜希望以人海战术来赢得这场战争的胜利。

战争的阴霾笼罩着全国，即便如此，金陵城内仍旧是夜夜笙歌，娱乐性的酒馆营业通宵达旦。李煜原本想下令禁止的，因为南唐此时正处在危难时刻，这样的娱乐显然不合适。但小周后劝李煜说，金陵城的生活已经如此艰难，若此时将人们的娱乐项目都都剥夺了，金陵城的达官显贵和平民百姓们整日生活在恐惧中，总想着战争的残酷，那恐怕会把人活活逼死、吓死的。

李煜觉得小周后的这番话颇有道理，因此默认了金陵城日日笙歌宴舞。

国难当头，李煜依然选择继续麻醉自己，他甚至还听取臣属的建议，举办了科举考试，录取了三十多名进士。

亡国之音

　　南唐原来是强盛的国家，沃土三千里，建造的楼阁高耸入云，家家庭内繁花锦簇，生活舒适富足。这片繁荣的土地，素来都是和平之地。然而，眼下将保不住了。国破家亡，祖辈辛辛苦苦打拼得来的一切，将毁灭在李煜的手上。

　　李煜的内心是非常伤感和沉重的。看着眼前宫女熟悉的面孔，他不禁想：我为何如此无能？这些美丽的宫女，有朝一日却要和南唐与繁荣的金陵城一样，面对残酷的战争。昔日美好的一切将不复存在。我该怎么办呢？李煜越想越难过，最后竟然当着宫女的面，大哭了起来。一首《临江仙》大概能道出李煜当时的心境。

临江仙

樱桃落尽春归去，蝶翻金粉双飞。子规啼月小楼西，玉钩罗幕，惆怅暮烟垂。

别巷寂寥人散后，望残烟草低迷。炉香闲袅凤凰儿，空持罗带，回首恨依依。

李煜的词中已经暗含了亡国之音，写出了他无限的惆怅和悲凉的心境。

北宋大军已借浮桥渡过长江，自己的军队如同一盘散沙，若不是靠着那坚固的金陵城抵挡一阵子，自己恐怕早已成了宋朝的俘虏了。

就在命悬一线之际，老天给了南唐一丝喘息的机会。

那时南方正值炎热之际，闷热潮湿。在北方生活惯了的大宋士兵完全不能适应，一到酷暑天气，便感觉疲惫不堪，原有的战斗力丧失了一大半。加之瘟疫闹得厉害，给北宋军中造成极大恐慌。宋太祖赵匡胤见此情形，只得先命部队撤回北方再做打算。

宋军正要返回之际，一个叫侯陟的人使赵匡胤改变了主意。侯陟原是扬州代理知府，他竭力劝赵匡胤不要退兵，他说只要再坚持一下，胜利马上就要来临。他说南唐军队已是强弩之末，孤守城中，没有补给，也维持不了多久。赵匡胤接受了侯陟的建议。于是命军队再次对南唐发起了进攻。宋军喊话李煜，现在投降还来得及，不然就不客气了。

李煜确实快挺不住了，无论从哪方面来说，他都处在崩溃状态中。他熬不下去了，军队也熬不下去了。投降的念头一直在内心里转来转去，到了这节骨眼儿上，已经顾不得自己当初说过什么了。眼下，活着比什么都要重要。

李煜的军师陈乔和张洎，依然坚持让李煜死守城池，说他们的城墙很牢固，而且还有渊州在前面阻挡北宋大军，再撑一撑。李煜没有主见，也不会作战，别人说什么，就是什么。听了陈乔和张洎的话，他决定继续坚持下去。

可惜天不遂人愿，到了九月，宋军不但熬过了酷热的夏天，进攻也变得越发凶猛，南唐守军节节溃败。

润州与采石矶对南唐来说同等重要，为了守住润州这个军事要地，李煜将跟随自己多年的侍卫长刘澄派到润州当节度使，但让他万万没有想到的是，他信任的这个侍卫长却是一个十足的投降派。

刘澄的部下曾献言说趁北宋的军队还没有站稳脚跟，先来个突然袭击，打掉北宋军队的士气。

胆小如鼠的刘澄并没听取部下的建议，而是选择了守城不动，等待援兵。结果援兵没等到，却把敌军等到了。没过多久，数万北宋大军就把润州团团围住了。

李煜听闻润州的消息后，心急如焚。他派大将军卢绛率领8000 名精兵前去救援，卢绛与刘澄不一样，他作战勇猛，是南唐的忠臣。

刘澄并没有打算与卢绛齐心协力地拼出一条血路来打败宋军，他动了杀心，想把卢绛杀掉。好在卢绛机敏，及时发现了刘澄的诡计，他立刻带着部队返回了金陵。

卢绛刚走，刘澄马上打开了城门投降。宋军兵不血刃占据了润州，金陵成了孤城。

摆在李煜面前的有两条路：一、向赵匡胤低头，进贡求情，成其附属小国；二、不投降。坚持到驻扎在江西境内的十五万大军火速前来救援，与北宋大军殊死一搏。

为了挽救自己的国家，李煜用了缓兵之计，他一方面派朝中大臣徐铉与周惟简去宋朝周旋，另一方面准备自己的十五万军队。

徐铉与周惟简饱读诗书，能说会道。他们一路上都在想该怎样对付这个敌国强主，他才能够放南唐一马。

赵匡胤听闻南唐来了两个善于游说之士，并没有掉以轻心，而是和他们玩起了心理战术。

徐铉与周惟简来到宋朝，并没有受到赵匡胤的接见。赵匡胤只是派人把他们安顿下来，找了几个大字不识的武夫前去作陪，可怜徐铉二人准备了一肚子引经据典的话，却毫无用武之地，顿时深感受挫。

赵匡胤的心理战起到了作用，待徐铉与周惟简的锐气消磨了几分之后，赵匡胤才召见他们。

徐铉一见到赵匡胤，就迫不及待地开始列举这些年南唐后主李煜对宋朝恭恭敬敬的例子。可惜赵匡胤一句都听不进去，他是铁定了心不肯开恩放过南唐。

徐铉与周惟简没有说动赵匡胤，现在李煜就只剩下最后一条路，他把全部希望寄托在朱令赟的十五万援军上。

然而，朱令赟也是个胆小如鼠的人。他的部下曾劝他，趁着夏季长江大水，率领强大的水军主动出击，猛冲宋军在采石矶的浮桥，就能反败为胜。

朱令赟瞻前顾后，担心万一不成功全军覆没。他也顾不得在金陵孤城苦等他救援的李煜，从五月一直拖到了十月。等到李煜下旨让他来救金陵时，他才出动水军顺江而下。

但这时已经晚了，朱令赟错过了最佳行军时间，他庞大的船只只能缓慢前行，像一只匍匐在地的蜗牛，耽误了不少时间，而那边的宋军早已做好了迎战的准备。

等朱令赟到达皖口，宋军万箭齐发，向朱令赟的军队猛攻过来。朱令赟慌忙采用"火油机"（载满油脂和火的船），点燃后朝下风向的宋军撞了过去。

很快，宋军的船只变成了一片火海。就在这紧要关头，风向突然转变，熊熊燃烧的船只被吹到了朱令赟这边，烧敌人的船开始变成烧自己。十五万大军经不起这等折腾，死的死，逃的逃，转瞬便土崩瓦解，朱令赟被擒。

负荆降宋

十五万大军惨败，李煜知道最后一线希望也破灭了。祖父李昇、父亲李璟历尽千辛万苦才建立起来的国家，不过三代，就要灭亡了。

李煜在绝望的边缘垂死挣扎，只得又派徐铉与周惟简再次前往宋朝，请求赵匡胤大发慈悲。赵匡胤以"卧榻之侧，岂容他人鼾睡"告之，徐铉与周惟简再次无功而返。

所有的方法全部试过之后，李煜把仅有的一线生机转向佛门，寻求佛祖的安慰与庇佑。李煜问"小长老"自己该如何做，才能解难。

可怜李煜到国破家亡的时刻，还在相信宋朝间谍，把他当作救命稻草。

"小长老"说北宋军队虽然厉害，但远远比不上佛祖的力量。为应验自己的话，"小长老"登上金陵城楼，装模作样，"大显神通"一番。那时不知是何原因，北宋军队真的稍退了一番。李煜大喜，奖励"小长老"一大堆金银珠宝，并叫上全城百姓，与他一起大念：救苦救难观世音菩萨。

人在绝望中，很容易寄希望于信仰。然而，人们却不知道，真正能救自己出水火的，只有自己。

不久，宋军再次攻城，李煜忙派人去叫"小长老"，这次"小长老"实在忽悠不下去了，于是装病不起。这时李煜才醒悟过来。他命人去杀"小长老"。但此时的"小长老"已用金蝉脱壳之计安全地回到了北宋。

向赵匡胤求情不行，求佛祖也不灵，李煜意识到没有一个人可以救自己和自己的国家了。一代君王，就这样被困在泥潭中，挣扎不得。那种欲哭无泪的心情，也许只有他自己才能懂。

公元 975 年 11 月，宋军发出最后通牒，若不投降，将攻破金陵城。

李煜用了最原始的办法——拖。能拖一天算一天，管他最后的结局是如何。

金陵城已是一片惨状，城中粮食奇缺，饿死病死的人到处都是，满城苍凉。李煜多拖一天，对于金陵的百姓而言，便要多受难一天。

在宋朝破城之前，李煜又下令，说自己宁肯与子民一起自焚，也绝不落入敌人手中。他命人将国内珍藏的书籍一把火全部烧掉。这其中就包括东晋著名书法家王羲之的真迹。

焚书之际，大火弥漫。当初与李煜有约的净德院尼姑们，一看皇宫处冒出滚滚浓烟，以为李煜已经自焚了，于是按照约定，点燃了柴草，八十多条性命就这样一同葬身火海，烧得不留一丝尘土。

如果可以选择，在这个局里的人一定会选择不生于这个乱世，不管富贵荣华，不管升官晋爵，只求喜乐平安。然而，出身不是自己能选择的，这是谁都不能左右的。

或许李煜良心发现，觉得与全城百姓一起殉城是错误的选择。是他造成的亡国，不应该让百姓来承受所有罪责。他，决定投降。

李煜亲笔写好降书，交给陈乔，让宋军进城。但陈乔并没有把投降书送给宋军，他一心求死，自杀而亡。

十二月，李煜率领四十多名家人、大臣，一同脱去上衣，露出上身，身负荆条至城外投降。

李煜从肉袒的那一刻起，就意味着他的国家、他的子民全部归顺于宋朝，而他，也将从君王沦落成大宋的俘虏。

投降那天，李煜的悲伤犹如海啸般席卷而来。如果这是命运的安排，那他也只能默默地含泪认了。

处事不够果断，为人幼稚，过分看重真情，难道是李煜的这些性格葬送一个国家吗？又或是当时的政治背景本来就堪忧，不管是什么样的君主都挽救不了南唐呢？历史已逝，是非对错，只留待后人评说。

然而国破家亡，对李煜来说又是怎样的痛彻心扉呢？若是一个普通百姓，只需顺应新的朝廷就是。可他曾经也是一国之君，现在却要低声下气地去乞求别人，这种痛是无法言说的。因为他不仅辜负了李昪、辜负了李璟，更辜负了南唐的万千子民。

第五卷

念金陵

金陵一别，再难回首。从此刻起，前路未卜，李煜只能靠着思念和回忆来过剩下的日子，靠着辞藻和笔墨来抚慰自己的心灵。

难回首

　　从受降那天起，李煜便永远地离开了江南，离开了给予他温情的地方，开启囚徒式的生活。

　　是不是"重瞳子"都有一样的命运？当初项羽在四面楚歌时，对着身边的虞姬垂泪，发出"虞兮虞兮奈若何"的慨叹；如今的李煜，同样垂泪对宫娥，表达亡国之恨。

　　感伤之际，他颤颤巍巍地写下了《破阵子》。

破阵子

　　四十年来家国，三千里地山河。凤阁龙楼连霄汉，玉树琼枝作烟萝。几曾识干戈？

　　一旦归为臣虏，沈腰潘鬓消磨。最是仓皇辞庙日，教坊犹奏别离歌。垂泪对宫娥！

"垂泪对宫娥"，是李煜最本真的性情。他舍不得与他一同长大的女孩子，如今却只能以这样的形式来告别。自己的小周夫人，也即将跟着自己开启异国生活。

谁说他无心肝？他有心肝，他的真性情就是他的心肝。他坦诚、真诚，从不会隐藏自己的喜乐悲伤。

国破，家碎。

李煜从此只能听命于他人。金陵，再也不属于他，他也留不住金陵的繁华，也许这是世间最大的悲情——远离故国繁华，去往异国飘零。

问君能有几多愁？大概愁思不可估量吧。

离开金陵的日子终于到了，在金陵被攻占的第三天，那是一个寒冷的冬天的清晨，天空下着蒙蒙细雨，李煜带着他的小周后及心爱的宫娥嫔妃、兄弟儿子、宰相等文武大臣，怀着悲伤抑郁的心情，在宋军的押解下依依不舍地离别故国，登上了北上的船只。此时江面阴风怒号，苦雨霏霏；江上船只密集，但他们却再也感触不到任何温暖。

李煜立于船头，青巾白袍，泪眼朦胧，脸色凄惨。他不知道未来的路会怎样，更无暇顾及虎踞龙盘的钟山，渐远渐去的金陵城，古老的石头城雉堞。寒冷的江风，吹到江面上，更吹动了李煜那颗离别之心。此时他的心情大概和唐代诗人刘洞的一首诗相同吧。

石城怀古

石城古岸头，一望思悠悠。

几许六朝事，不禁江水流。

去往汴京的路途遥远，走了两个多月才到。李煜也利用这段时间，充分做好了心理准备，要低头称臣，要卑躬屈膝，忍辱负重。同时，他也想，这或许是人生的最后一站了吧，李煜心中再也无法找到以前的奢华享受，只有无尽凄凉、无边落寞，等待他去品尝。

赵匡胤得知南唐后主李煜已经登船赴京城，便安排属下置办显示天威的礼仪，城中一时张灯结彩，喜气洋洋。赵匡胤还下令让沿途州县设法保障押送李煜的船队畅行无阻。可时值隆冬，北方河流的冰层太厚，尽管一路凿冰击冻，船行驶得依旧很慢，直到第二年，即公元 976 年农历正月初二，这支船队才抵达汴京。

公元 976 年正月初四，李煜与家眷等一行人被押送到汴京。

这一天，宋太祖赵匡胤登上了明德门城楼，举行了接受献俘的仪式。李煜穿着白色的衣服，戴着纱制的帽子，在城楼下听候宣判。

赵匡胤算给了李煜几分颜面，大臣准备当众宣读李煜罪状时，赵匡胤摆手说算了。或许是看在李煜平日里对自己恭敬侍奉、虔诚的态度吧。加上李煜还使用过北宋的年号，于是给了李煜一个免于起诉的待遇，当场释放。当然，并不是把他放跑，只是不再追究他的罪行。

几日后，赵匡胤下诏封李煜为右千牛卫上将军与违命侯。

上天之德，本于好生；为君之心，贵乎含垢。自乱离之云瘼，致跨据之相承，谕文告而弗宾，申吊伐而斯在。庆兹混一，加以宠绥。

江南伪主李煜，承奕世之遗基，据偏方而窃号。惟乃先父早荷朝恩，当尔袭位之初，示尝禀命。朕方示以宽大，每为含容。虽陈内附之言，罔效骏奔之礼，聚兵峻垒，包蓄日彰。朕欲全彼始终，去其疑间，虽颁召节，亦冀来朝，庶成玉帛之仪，岂愿干戈之役。寒然弗顾，潜蓄阴谋。劳锐旅以徂征，傅孤城而问罪。洎闻危迫，累示招携，何迷复之不悛，果覆亡之自撰。

　　昔者唐尧光宅，非无丹浦之师；夏禹泣辜，不赦防风之罪。稽诸古典，谅有明刑。朕以道在包荒，恩推恶杀。在昔骡车出蜀，青盖辞吴，彼皆闰位之降君，不预中朝之正朔，及颁爵命，方列公侯。尔实为外臣，戾我恩德，比禅与皓，又非其伦。特升拱极之班，赐以列侯之号，式优待遇，尽舍尤违。可光禄大夫、检校太傅、右千牛卫上将军，仍封违命侯。

　　"违命侯"，李煜暗暗咀嚼这个称呼，内心忐忑，他知道这是赵匡胤在难为自己，也是给自己的惩罚，这是在嘲笑自己当年不听命于赵匡胤，不乖乖伏降。但李煜除了接受之外，别无他法。一如当年对宋朝恭敬有加一般，不做任何反抗，只能磕头叩谢皇恩。

　　成者王，败者寇，李煜最明白这个理。长路漫漫，让喜欢自由的李煜更加悲伤。

　　从今往后，他要小心翼翼、谦卑地活着，北宋都城虽然华丽，但并不是属于自己的。他的余生，只能在回忆中度过。

　　赵匡胤对李煜虽然宽容，但以胜利者的口吻说话是免不了的。他对李煜指手画脚。这里的指手画脚，指的是李煜的诗词作品。尽管赵匡胤的文学造诣远远不如李煜，但还是会假正经地评论一番。

有一次，宫里举行宴会，赵匡胤问李煜："听说你在江南挺喜欢写诗的，念几句你最得意的作品，给我听听？"李煜想了一下，念了一首《咏扇》。

咏扇

迢迢牵牛星，杳在河之阳。

粲粲黄姑女，耿耿遥相望。

莺狂应有恨，蝶舞已无多。

揖让月在手，动摇风满怀。

病态如衰弱，厌厌向五年。

衰颜一病难牵复，晓殿君临颜自羞。

冷笑秦皇经远略，静怜姬满苦时巡。

鬓从今日添新白，菊是去年依旧黄。

万古到头归一死，醉乡葬地有高原。

人生不满百，刚作千年画。

日映仙云薄，秋高天碧深。

乌照始潜辉，龙烛便争秉。

凝珠满露枝。游飏日巳西，

肃穆寒初至。九重开扇鹄，

四牖炳灯鱼。羽觞无算酌，

倾碗更为寿，深卮递酬宾。

　　这是李煜多篇诗词经典词句的集合，李煜以为赵匡胤听后会夸赞几句。没想到赵匡胤不但没夸赞，反而大笑了起来。他的关注点不在那韵律上，而是死抠那句"动摇风满怀"。赵匡胤问李煜："满怀的风，能有多少风？"

　　李煜这首诗对得非常工整，但赵匡胤用政治标准来对待艺术显然是行不通的。可赵匡胤毕竟是皇帝，他的话一出口，众人齐喊："皇上英明。"敏感多思的李煜纵有一肚子话，也不敢发表任何意见。敏感多思的李煜纵然有一肚子的不满意，也不敢发表任何意见。

　　赵匡胤本是武将出身，但跟文人诗客接触多了，也沾了点墨水。他深知李煜的诗写得是不错的，他之所以这么做，大概也只是想压压李煜的锐气。

　　几日后，赵匡胤把李煜宣进宫中，颁发了一个安慰奖给他，说他"好一个翰林学士"（翰林学士相当于古代皇帝的秘书。

李白就曾做过唐玄宗的翰林供奉）。

赵匡胤对李煜的评价是恰如其分的，李煜的才能确实能胜任翰林学士，但当皇帝李煜是不称职的。

囚徒生涯

　　礼贤宅，是一个好听的名字，这宅子是宋太祖赵匡胤专门为李煜建的，从外部建筑到里面装饰，亭台楼阁、水榭园花，差不多全是按照金陵宫殿的样式造的。这也算是一种恩赐吧，毕竟这里和金陵差别太大，外形相似的亭台楼阁也算是一种安慰。

　　宋太祖这样做，是让李煜乐不思蜀。如果李煜真能乐不思蜀，也算是人生的圆满，但他恰恰不是。睹物伤怀，李煜更加思念江南故国，在庭前树下，或花园小径中徘徊。满腔悲苦，无人可诉，真真是柔肠寸断，无从寄托。也是在礼贤宅中，李煜成了笼中之鸟，永失自由。他不能与外人尤其是江南旧臣接触，也不能自由出入，只有终日蛰伏在礼贤宅里。

　　窗外，淅沥沥地下着小雨，树林间的红花已经凋谢，李煜看着被雨水淋过的红花，感叹道花儿就像美人脸上的胭脂伴着泪水在流淌，流出红色的水迹。花儿和怜花人一期一会，下次再见又是几时？

李煜被囚在北宋都城，但到汴京的场景会时不时浮现在他眼前。降宋以后的日子，他没有一天不是在悔恨和追忆中度过的。

浪淘沙

往事只堪哀，对景难排。秋风庭院藓侵阶。一任珠帘闲不卷，终日谁来。

金锁已沉埋，壮气蒿莱。晚凉天净月华开。想得玉楼瑶殿影，空照秦淮。

"往事只堪哀"，一个"哀"字，简单几笔，却是如此深重。他的哀，无人可以倾诉，只能独自面对景物，作出排遣。

李煜实在不知道剩下的时光要如何熬过。据《翰府名谈》记载，李煜每天必须喝酒，方可解心头之闷。他经常通宵达旦地饮酒，喝醉了便睡去。酒醒时，便把闷在心里的话作成诗，表达出来。这时候，他较有代表性的有《乌夜啼》。

乌夜啼

昨夜风兼雨，帘帏飒飒秋声。烛残漏断频欹枕，起坐不能平。
世事漫随流水，算来一梦浮生。醉乡路稳宜频到，此外不堪行。

　　诗词的大概意思是：昨天夜晚，风雨交加。遮窗的帐子被秋风吹出飒飒的声响，窗外不断传来令人心烦的风雨声。蜡烛燃烧得所剩无几，壶中水也已漏尽，我多次起来斜靠在枕头上，躺下坐起来思绪不能平稳。人世间的事情啊，如同水流东逝，说过去就过去了，想一想我这一生，就像一场大梦，以前荣华富贵的生活已经一去不复返。醉乡道路平坦，也无忧愁，可常去，别的地方不能去。

　　"一梦浮生"是他一生最好的概括，功名利禄也好，平庸生活也罢，人在屋檐底下不得不低头也罢，都不过是梦一场。

　　陈后主曾被唐代刘梦得讽刺，此刻李煜的心情和境地怕是与陈后主有些相似。

西塞山怀古

王濬楼船下益州，金陵王气黯然收。

千寻铁锁沉江底，一片降幡出石头。

人世几回伤往事，山形依旧枕寒流。

今逢四海为家日，故垒萧萧芦荻秋。

初春的一天，闲来无事，李煜来到后花园中漫步，既然现实让人无能为力，那就做一些无所谓的事情，放飞自己的心情吧！

园中牡丹、芍药，朵朵斗大，鲜艳无比；群群蜂蝶绕着花儿上下翻飞，嘤嘤嗡嗡地忙个不停。其时阳光灿烂，叶翠花艳，香气四溢，一派闹春景象。

如今，那些"笙箫吹断水云间，重按霓裳歌遍彻"的日子一去不复还了。那些"和花和月，天教长少年"的心愿也被如霜鬓发所替代。今昔对比，李煜不觉黯然神伤，再也没有兴致赏花了，急急返回屋中。

回忆终究是回忆，回忆过后面对的依然是辛酸、凄凉的现实。此刻，一首在当年大周后去世时作的一首伤春思旧的《蝶恋花》浮上李煜的心头。

蝶恋花

遥夜亭皋闲信步。乍过清明，早觉伤春暮。数点雨声风约住，朦胧淡月云来去。

桃李依旧春暗度。谁在秋千，笑里低低语？一片芳心千万绪，人间没个安排处。

李煜的囚徒生涯度日如年，若不是有那些烈酒可以让灵魂短暂安息，他很难活下去。

据记载，宫中御膳房每天都要给李煜府中供应三石的酒，"三石"是个不小的数量，常人是无法消受这些酒的。赵匡胤怕李煜会醉死，下令停止供应。

酒是李煜的精神粮食，断了酒，相当于断了他的性命。李煜哀求赵匡胤不要断酒，"没有酒还怎么活"？赵匡胤想了想，觉得毕竟江山都从人家手里夺过来了，李煜喝点酒消解一下忧愁也是情有可原，于是又恢复了供应。

李煜本来可以借酒消愁，相安无事地度过那屈辱的一生。可这一切，在赵匡胤的弟弟赵光义登基之后彻底改变了。

这场权力更迭太过突然。公元965年10月，赵匡胤召其弟赵光义饮酒，共宿宫中。次日清晨，赵匡胤莫名暴毙。

关于赵匡胤之死，史书《湘山野录》记载，认为赵匡胤是被试图篡位的赵光义毒杀的。赵光义为平息社会舆论，证明自己即位的合理性，说在皇太后临终前，曾把赵匡胤、赵光义叫到床前，留下遗言，日后帝王之位是兄弟相传。即赵匡胤死后，传帝位给赵光义。此遗言写好锁在金柜之中，后世称之为"金匮之盟"。

历史的真相总是蒙上一层雾纱，那些好看的，能拿得出台面的台词，都是胜利者书写出来的。

李煜当然明白这个道理，当听到宋太祖赵匡胤被暴毙的消息，李煜难以置信。赵光义竟敢如此行事，杀害自己的亲哥哥。这是怎样的狼子野心。本是同根生，相煎何太急。欲望的驱使下，让赵光义忘了手足之情，眼里只有皇帝宝座。

那个金灿灿发着光芒的位置，那个李煜厌弃却不得不登上的位置，没想到竟然能有这样的魅力，让赵光义、让兄长李弘冀做出让人不耻的事情。对于这样的结局，李煜永远无法理解，也不必理解，那是个与他性情截然相反的世界。

数日后，汴京城贴满赵匡胤驾崩的告示。赵光义哭哭啼啼地说"哥哥赵匡胤怎样的命苦，历尽万难打下江山，却突然撒手人寰。自己迫不得已，为继承哥哥的遗愿，只得登上宋朝的皇位"。这就是宋太宗。

真正的老虎善于隐藏，有很多张不一样的面孔。赵光义与他哥哥赵匡胤不同，赵匡胤的仁慈是真的，而赵光义的仁慈多半是装出来的，戴着假面具。

赵光义登基后，李煜与小周后等皇族众人的日子过得艰难许多，李煜时不时会被赵光义叫入朝中加以羞辱。同时，赵光义为了安抚李煜，将他的"违命侯"改为了"陇国公"。这样的恩惠，明摆着意味着什么。

李煜默默无语，独自登上西楼。看着一轮残月高高挂在天上，像钩子一样。目光所见，一棵梧桐树在院子中形单影只，庭院被笼罩在清冷凄凉的秋色之中。

从今往后，日子该当如何，就随天意吧，一切都已超出了李煜的认知范围。

据《十国春秋》记载，有一次，赵光义领着李煜去皇家图书馆崇文院看书，他装模作样地对李煜表示关心："听说你在江南很喜欢读书，这里有不少东西是你原来的宝贝，你到这里来之后还读书吗？"

这平常的几句话，像一把利剑朝李煜本来溃烂的胸口戳去，让李煜重温亡国的痛苦。

　　赵光义对李煜的折磨，不只是精神上、言语上的，还有男人的尊严上的。赵光义喜美人，小周后因为貌美，是南唐第一美人，被赵光义看上。经常让她去参加宫中宴席，留她过夜而不予回府。

　　小周后跟随李煜到汴京之后，被封为郑国夫人。她每隔一段时间都要去宫中参拜皇后娘娘。可每次去都要在宫中停留几天。

　　赵光义把小周后扣留下来，便逼迫小周后与他一起饮酒作乐。有野史记载，赵光义表面上看是个儒雅之士，私下里却有常人不能忍受的怪癖，用如今的话来说就是"变态"。

　　据说赵光义经常对小周后施暴，施暴的同时还会叫来很多人围观，并叫画师把他施暴的场面画下来。小周后有苦不敢言，受着极大的侮辱。

　　小周后成为赵光义的禁脔是明眼人都知道的事情，纵使李煜不得自由，又怎么能完全不知呢？但他只能把苦全部吞到自己肚子里。他沦丧国土，寄人篱下，如今连自己的妻子也保护不了。

　　这些事情让李煜的心情更加阴郁，他整日浑浑噩噩，度日如年。他心里难受，于是花园成了他最爱去的地方，有时，他在花园里一待就是四五个时辰。他看着春风把一朵朵的蓓蕾吹开，叶翠花红。

突然，眼前出现了几朵硕大的芍药，芍药粉白娇嫩，晨露尚在花蕊中美不胜收。李煜感叹世间的奇妙，心头突然想起了唐代诗人温庭筠作的一首词：

更漏子

金钗雀，红粉面，花里暂时相见。

知我意，感君怜，此情须问天。

香作穗，蜡成泪，还似两人心意。

山枕腻，锦衾寒，觉来更漏更残。

这首《更漏子》是他见小周后时吟咏过的，他想念被赵光义扣押在宫中的小周后。也是许是心有灵犀一点通，思念，大致也是如此。

小周后也在思念他，渴望与他见一面。巧的是，小周后此刻刚回到礼贤宅，径直来到花园中找李煜。

她站在花丛中，露着俊俏的脸蛋，美人与美景，浑然一体，美不胜收。

不期而遇，或者是思念成疾，那个人，就是最好的良药，也是最美的风景。

四目相触，一切尽在不言中。唯一遗憾的是，相见过后，更是思念。

春天，是多情的存在，素来文人惜春却怕春归去，惜春、伤春的诗词多得车载斗量。这些惜春伤春的诗词中不乏矫揉造作的虚情假义之作，但也有不少情真意切的佳作。比如"惜春春去，几点催花雨""一片花飞减却春，风飘万点正愁人"等就十分富有情致。

只不过，以前的春天，与今载的春天有着太大的差别，而今贱为臣虏，行动不得自由，尊严亦被践踏，只余一腔念旧思故愁绪，无人倾诉。

虞美人·风回小院庭芜绿

风回小院庭芜绿，柳眼春相续。凭阑半日独无言，依旧竹声新月似当年。

笙歌未散尊前在，池面冰初解。烛明香暗画堂深，满鬓青霜残雪思难任。

愁，让人很快老去，但李煜却身在他乡，做着无可奈何的梦，一切都已经无可挽回了，这里的春天，没让他感觉到一丝温暖，这首词和李煜在春天里苍老去。

清平乐·别来春半

别来春半，触目柔肠断。砌下落梅如雪乱，拂了一身还满。

雁来音信无凭，路遥归梦难成。离恨恰如春草，更行更远还生。

分别以来，此时已进入了春季过半的时节，映入目中的景色使得柔肠寸断。阶下落梅就像飘飞的白雪一样零乱，把它拂去了又飘洒得一身满满。一片生机勃勃，而思念却已将心中打扰得再无净土，春天又如何？

也不知道故国怎么样了，不知道还能不能再看一眼熟悉的景色，鸿雁已经飞回而音信毫无依凭，路途分外遥远，要回去的梦也难形成。离别的愁绪正像春天的野草，滋生得无边无际。

礼贤宅内，举目所见，没有一处不勾起李煜难过的心情，使他觉得好像肝肠都快要断了。庭院深深，梧桐树光秃秃地伸出几根枝杈，月华轻笼，树影斑驳，静静的庭院中似乎有什么东西在悄悄地流淌，这里的夜，没有半点祥和的景象，让人孤独，更为不堪的是，仿佛永远看不到尽头，想要望向远处，却如轻纱一般，朦胧一片。

李煜的眼神，却似乎透过这层轻纱，看到了依旧树繁叶茂的江南……此时，无人打扰，他就那样静静地斜倚在栏边，眼睛定定地遥望着江南方向的天际，周围的一切仿佛都不复存在了。

这样沉重的心情下，哪里还能入睡？就在他柔肠百结之际，断断续续地传来远处河边捣衣女的捣衣声，这似有似无、时断时续的捣衣声，一声一声，直把他那颗负荷过重的心捣得支离破碎。后来，他在回忆这晚的情形时，填了《捣练子令·深院静》一首作为凭寄。

捣练子令·深院静

深院静，小庭空，断续寒砧断续风。

无奈夜长人不寐，数声和月到帘栊。

春光既然不再留恋，估计很快就要到秋天了，那将是一个更加难熬的季节。思念就是这样，再也无法面对周围的景象，害怕黑夜，更害怕的孤单。

可以想象的画面，秋风吹来，鬓发随风飘动，在朦胧的月光下，他的身子显得那么颀长单薄，过秋又是冬，不知道怎样去面对，不再去想以后了，秋天大概是下面这样吧。

谢新恩·冉冉秋光留不住

冉冉秋光留不住，满阶红叶暮。又是过重阳，台榭登临处，茱萸香坠。

紫菊气，飘庭户，晚烟笼细雨。雍雍新雁咽寒声，愁恨年年长相似。

李煜这些悲苦之词，被人争相传诵。无人不被李煜的愁绪与悲凉所感动，多少人为此泣不成声。

一梦浮生

人越是痛苦，就越怀念以前的美好岁月。李煜的美好，全在逝去的江南。他承蒙父亲的庇佑，得以平安喜乐成长，那时他不用操心政治，不用管江山社稷，只管享受即可。

现在往事已成空，再美好的日子，一去不复。他的怨恨与无奈，只能在词里唱出来。

乌夜啼

林花谢了春红，太匆匆。无奈朝来寒雨晚来风。

胭脂泪，相留醉，几时重。自是人生长恨水长东。

人世间总是经历聚散别离，有人说别离是为了下次更好的相聚，可李煜的绝望在于，他的别离是永恒的，再也不能与过去相聚。

他忘却痛苦的地方，除了醉乡，就是梦乡。一首《浪淘沙》便能窥见他内心波涛汹涌的痛恨与悲伤。

浪淘沙

帘外雨潺潺，春意阑珊，罗衾不耐五更寒。梦里不知身是客，一晌贪欢。

独自莫凭栏，无限江山，别时容易见时难。流水落花春去也，天上人间。

若是可以沉睡，李煜愿意一直沉睡下去。现实中的他，毫无尊严可言。他痛恨自己的软弱，痛恨自己的无能，甚至痛恨自己为什么要生于这个世界上。

李煜找不到出路，绝望、迷茫，他整日醉生醉死，任凭自己的身子与灵魂一起腐烂掉。

他倚靠在栏杆边，自顾自地念着诗歌，眼角的皱纹可以看出他已经上了年纪，青丝掺杂着几根白发。

一想到小周后，李煜的眉头紧紧皱着，这个小自己 16 岁的女子，及笄之年就跟了自己的小周夫人，自己没能兑现当初的承诺，爱护她，保护她一辈子。

李煜心如刀绞，过往一幕幕在眼前重现。酒精的作用，让他放肆了起来，行为不似平时规矩。他将桌上的美味佳肴随意地四处抛来抛去，整个人摇摇晃晃，开始胡言乱语起来。

睡眼朦胧的李煜被吵醒了，他甚为烦躁，正想呵斥宫人，为何大清早就扰人清梦，睁开眼见宋太宗站在床前，他瞬间清醒了。该来的还是来了，李煜暗自叹了口气，依旧毕恭毕敬地向宋太宗行礼，问道："陛下亲自前来，有何贵干。"

宋太宗看着李煜，冷笑着反问："陇国公心知肚明，何必多问？"

听到这话，李煜明白昨夜的行为传了出去，虽是酒后乱言，但隔墙有耳，终究是躲不过去的。

李煜沉默着没说话，向窗外望去。

梅花

殷勤移植地，曲槛小栏边。共约重芳日，还忧不盛妍。

阻风开步障，乘月溉寒泉。谁料花前后，蛾眉却不全。

失却烟花主，东君自不知。清香更何用，犹发去年枝。

　　窗外是一株绽放的梅花树，那是自己和小周后栽下的。因为担心它不会枝繁叶茂，不会开花，所以他们在梅树周围围了一圈的栅栏，用来保护着梅树，还可以为它阻挡寒风。

　　李煜和小周后常为梅花树浇水，二人也时常在梅花树下缠绵。现在，小周后被宋太宗裹挟，自己和小周后无法再像以前那样朝夕相处，一起去为梅花树浇水赏梅了。

　　……

　　李煜掩饰不住的恨，掩饰不住的悲伤，一点点传到赵光义的耳朵里。李煜不计后果，他知道这些词会产生怎样的后果。李煜的真性情，注定他一生结局的悲伤。

　　有一次，赵光义问李煜原来的臣子徐铉，是否看望过原来的主子，徐铉吓破了胆，说不曾私下会面。赵光义放话，让他只管去看望李煜，如果李煜问及，就说是自己的指示。

　　徐铉不敢违令，便去看李煜。

　　当时的李煜被赵光义管控，宅第有人把守，不许与外人见面。现在好不容易来个故人，把李煜感动得痛哭流涕。他抓着徐铉的手大哭，他在徐铉身上嗅到了故国的味道。

　　两人沉默很久后，李煜才开口说话，说当初不该杀潘佑、李平。徐铉没想到李煜的第一句话，竟然是一句会给他二人带来杀身之祸的话。徐铉被吓得不敢接话。他不敢接话的原因有两点：一是因为当年徐铉排挤过潘佑、李平，当初错杀这两人，有他的怂恿和呼应。二是这次会面是赵光义的安排，不敬大宋朝的话是不能说的，那是有杀头的危险的。

徐铉没敢多留，急忙忙地回去把李煜说的话，一字不落地回报给了赵光义。赵光义听了很愤怒。在他看来李煜不仅不愿真心对宋朝俯首称臣，还有谋反的想法。

这就是李煜的真性情，他有什么说什么，开心与不开心都要表达出来，最不会藏着掖着。李煜不懂得什么该说，什么不该说，什么时候该流露，什么时候该隐藏。李煜根本想不到自己的一句话，会招来严重的后果。他依旧醉乡梦乡的过日子，泪雨滂沱地思念着他的江南。

可怜李煜从未想过政治有这么狠绝，他的死亡会来得如此快。

公元 978 年七夕，是李煜 42 岁的生日。

这天是李煜府上难得热闹的一天，丫鬟们早早垒起了星台，台上摆设着各式各样的水果糕点。虽然没有红白两色丝绸铺成月宫天河的形状，但于李煜来说，已经心满意足了。

宋太宗手捧酒杯，脸微微通红，待掌声后，大声劝酒，希望各位喝个痛快，喝个尽兴。若有人没喝醉就撤，便是自己招待不周，不能让各位快活。众人哈哈大笑，允诺一定不醉不归，喝个痛快。

宋太宗将酒杯向李煜的方向举去，示意李煜多喝点。多么熟悉的场景啊！以前在江南，年年如此，如今到了这宋朝，有这一幕，已成了大大的奢望。

李煜填词的《虞美人》也在生日宴后传了出去。

虞美人

春花秋月何时了，往事知多少？小楼昨夜又东风，故国不堪回首月明中。

雕栏玉砌应犹在，只是朱颜改。问君能有几多愁？恰似一江春水向东流。

当赵光义听到这首《虞美人》后，十分愤怒。如果说上次徐铉的事件只是点燃了赵光义想杀李煜的心，那么李煜这次的行为则坚定了赵光义杀掉李煜的决心。他借着给李煜祝寿的机会，让自己的弟弟赵廷美给李煜送去一壶毒酒。

赵光义选择赵廷美是有目的的。赵廷美很喜欢写诗作词，他很崇拜李煜，视李煜为偶像。听皇兄赵光义说让他带一壶酒去给李煜庆生，他便非常开心地去了。赵廷美并不知道皇兄让他送的酒里已掺有剧毒。

李煜平日里和赵廷美关系不错，可谓志同道合。李煜对朋友送来的酒没有任何戒心。晚宴结束后，李煜还有点余兴未了，独自坐在小榭中，小酌朋友送来的美酒，作诗赋词。然而饮下不久就感觉腹中剧痛，肠子像烧灼了一般，火辣辣地疼痛，不一会儿就全身痉挛。

生辰宴当晚，42岁的李煜被赵光义毒死。

几年的囚徒生涯，他受尽了折磨，生时是精神上的折磨，死时是肉体上的折磨。死，曾经离他很近，他无数次在死亡边缘徘徊。三年的囚徒生涯，让他对死有一种大彻大悟之感。只是他尊重佛学，没有选择自杀。而今，一杯毒酒了却了他的性命，或许对他来说是最好的解脱。他死得不体面，也不安祥，但他的灵魂却永远得以解脱了。

李煜终于与故国重逢了。

翌日，朝廷发出了早早准备好的讣告，内容称"左千牛卫将军、陇国公李煜忽染重病，不治而亡，朝堂深感痛心。宋太宗赵光义深感哀痛，辍朝三日来表达对陇国公的追悼"。讣告还给李煜加官进爵，他的官职由原先的侯爵升为公爵。若李煜地下有知，也会对此事嗤之以鼻吧。

一时朝堂与民间，都纷纷夸赞宋太宗宅心仁厚，此乃大宋的荣幸，宋朝社稷在宋太宗手上，将有无限光明。

洒泪忆江南

如果我不是帝王，或许你会更加明了，我的细腻、我的率真、我的热情、我的不顾一切、我的万千愁丝……

前半生，我在尊荣华贵中度过，享受人间的富贵；后半生，愁、仇成了我生命里的主题，烦恼愁思搅和成一团，但这也是我唯一可以坚持下去的理由，大概只有这样，才能相信自己还活着，不至于让自己心灵漂泊不定。

忆江南·多少泪

多少恨，昨夜梦魂中。还似旧时游上苑，

车如流水马如龙。花月正春风。

多少泪，沾袖复横颐。心事莫将和泪滴，

凤笙休向月明吹，肠断更无疑。

闲梦远，南国正芳春。船上管弦江面渌，

满城飞絮辊轻尘。忙杀看花人。

闲梦远，南国正清秋，千里江山寒色暮，

芦花深处泊孤舟，笛在月明楼。

　　我很难过，有多少的泪水，纵横交错地流在脸上。我的心事不知道怎样诉说，也不知道向谁诉说。曾经喜爱无比的那笙箫，不要在此时吹起，我已经快无法承受这种伤悲。

　　我感叹世事无常，难以控制，唯一能够控制的就是自己的心绪，好在，我似乎懂得发泄。

浣溪沙·转烛飘蓬一梦归

转烛飘蓬一梦归，欲寻陈迹怅人非。天教心愿与身违。

待月池台空逝水，荫花楼阁漫斜晖，登临不惜更沾衣。

　　我的命运，像是漂流的浮萍，最终，如梦一场，想要寻找往日的记忆，岁月已经斑驳，物是人非，况且隔着重重山水，也许，是天意如此吧。

　　我看着流水无情空自流淌，高大楼阁遮住了花草树木，眼前满是夕阳的余晖，再次登高远望，还是看不到熟悉的身影。回不去的故国山河，就让眼泪肆意地流淌吧。

一片怅恨无依，既然人生如梦，则不如常在梦中，只有梦中才能得归故国，心愿难遂，怅恨难消，这一切看来似乎天意。在这凄苦寂寞的现实中我只能无可奈何了。

我的心绪总是难平，怎奈愁绪真是无穷无尽，文字如此广博，竟然难以言表，就让一切，流淌着心绪，奔流而下吧。

渡中江望石城泣下

江南江北旧家乡，三十年来梦一场。

吴苑宫闱今冷落；广陵台殿已荒凉。

云笼远岫愁千片，雨打归舟泪万行。

兄弟四人三百口，不堪闲坐细思量。

江南，是我不止一次想起的地方。江南也好，江北也罢，都是我的家乡，三十年过去了，就像做了一场梦，我还没来得及好好触摸她，却离她远去。大江奔流而去，岁月洗去了多少繁华，该是凄凉吗？当年的吴国宫廷院闱现在已经变得冷冷清清，当年的广陵亭台殿堂也已经变得荒凉，我的江南，在将来，又将如何呢？我不得而知，只希望江山慢点褪色，或许那样我可以少点悲伤。

愁，之所以是愁，是因为在这种时候，看什么都没有欢乐可言。

宽阔能够让人释怀，但我即时泛舟江上，看远处的岫岩被云雾笼罩，就像压在我眉头的愁云，难以化开。记得离开的时候，我们兄弟四人加上三百家人，此时不忍闲坐，细细思量我们的过失。可是悔恨又有什么用呢？只求自己的记忆，不将旧国遗忘吧。

可是，大宋的军队并不懂诗情画意。梦醒了，国亡了，思量追悔也无济于事了。我只能坐在飘舟里"细思量"，哀愁自己的家族，不粉饰，不矫造，不逃避，真性情大致如此。

生在帝王之家，是幸运的，不必为了生活奔波；也是不幸的，要承担种种，即使是夫唱妇随，也有难料之事。

书灵筵手巾

浮生共憔悴，壮岁失婵娟。

汗手遗香渍，痕眉染黛烟。

我曾经是幸福的，找到了所爱的人，婚姻之美满，才子佳人之意切，都是令人艳羡的。然而我们这对多愁善感的伴侣，也有因国祚日衰而带来的诸多不顺心之事，当然也就难免"共憔悴"了。

如果，我们只是普通的夫妻，琴瑟和鸣，相依相傍。谁料病痛袭来，无情地夺走了与我朝夕相处、形影相随的"婵娟"。

我这一生与妻子共同分担着国难的痛苦以至于让人憔悴，更加糟糕的是，正值壮年又遇上丧妻之痛。

凝神细看，丝巾上还留有爱妻生时轻抹香靥的"香渍"，细描眉黛的烟痕。可现在是"香渍"犹在，烟痕尚存，而"婵娟"已失，更令人倍增切腹之痛了。

她能回来吗？如果可以，我愿用一切换取啊，不可否认，物是人非，是世间最残酷的事情。

物品，还是好的，搁置起来就好，就怕旧景入眼，再也难以控制，我尽量不联想，但思绪控制不住，仿佛时光回到当时……

采桑子·辘轳金井梧桐晚

辘轳金井梧桐晚，几树惊秋。

昼雨新愁，百尺虾须在玉钩。

琼窗春断双蛾皱，回首边头。

欲寄鳞游，九曲寒波不溯流。

愁的人，不止我一个。秋天是最难熬的季节，远远看去，深秋时节，梧桐树下，辘轳金井旁，落叶满地。树木入秋而叶落，人见秋色而忧愁。只好手扶百尺垂帘，两眼望窗外细雨，旧愁之上又添新愁，这是怎样的景色？

原来是等着征人归来的思妇，独守着琼窗，想到韶华渐逝，怎不愁在心头。回首边地，征人久无音讯。想要寄书信，却路途漫漫，思妇只能在孤独寂寞中苦苦守望。

想来，大致与我的愁绪相似吧，同是可怜人，只不过她思念是一个人，而我，思念的更多，相比之下，我的秋天更"秋"吧。

看到这样一个女子，想起以前的生活，我曾经可怜他人，但现在我成了可怜人，方知道，可怜是世间最不幸的东西。

赐宫人庆奴

风情渐老见春羞，到处消魂感旧游。

多谢长条似相识，强垂烟态拂人头。

这是我为宫女年华已逝，美艳不复当初的自怨自艾所写。"到处"是指女子原在宫中受宠时的恩爱欢情，处处都曾留下足迹和影子，对过去的无时无刻的怀恋，导致如今处处见情伤心、触情生愁的感慨。芳魂感旧游，旧地重游，情已不再，怎能不黯然魂消，正是女子怀春、处处生情。

愁，这种东西，说起来于事无补。但又无端心头起，若要抛开，想来难上加难，所以，只好任由蔓延。我还在想念故土，虽然有些可笑，但除了写点文字，似乎无可奈何。

亡后见形诗

异国非所志，烦劳殊清闲。

惊涛千万里，无乃见钟山。

留在别国不是我的意愿，在这里，远没有想象中那么美好，我常常思念钟山。没想到在千万里的惊涛骇浪中，竟然还能见到钟山，是我眼花了吗？还是别的呢？

是的，我偏爱钟山，也曾经自号钟隐、钟山隐者。"钟山"对我来说，意味着出世、隐居、清逸。

但此时我正过着十分安逸的生活，很舒服满足，不想放弃这种生活去过另外一种"惊涛骇浪"般的生活，但钟山确是我一直喜欢的地方，我该如何选择？

在这里，我的小周后陪着我，她依然美丽，而我却很少像在江南一样能够欣赏，或许，我会为她写点什么吧。但写着写着，又写成了思妇。

捣练子·名深院月

深院静，小庭空，继续寒砧断续风。

无奈夜长人不寐，数声和月到帘栊。

云鬓乱，晚妆残，带恨眉儿远岫攒。

斜托香腮春笋嫩，为谁和泪倚阑干？

秋风里送来断续的寒砧声，听得格外真切。夜深了，月光和砧声，勾起了绵绵的离恨和相思。因而长夜不眠，愁思百转。

你看那美人头发蓬乱，晚妆不整齐，因愁带恨的双眉像远山一样聚在一起。白嫩的小手斜托着面颊，靠在栏杆上，也不知在为谁伤心泪流。我虽然也不知道，但能够了解她的烦恼，也非常同情她的遭遇。

我想我的愁绪一定超越了她。我又想起了我的孩子，他的命运也不是很好，我又无可奈何。

病中感怀

憔悴年来甚，萧条益自伤。

风威侵病骨，雨气咽愁肠。

夜鼎唯煎药，朝髭半染霜。

前缘竟何似，谁与问空王。

　　还记得那段难熬的岁月，我一日比一日憔悴，身边亲人多有亡故，令人神伤。风雨之下，我病体难支、愁肠百转不能胜情。深夜鼎中弥漫着药香，早晨醒来发现髭须斑白。我的命运为何这样？谁能替我去求问佛祖？

　　我的儿子小仲宣身亡还不到一个月，我的爱妻又不幸去世。我的命运为何这样苦？身体、心灵、人情、秋景、家事、国事仿佛没有一样顺利的。

　　我喜欢在夜里散步，大致是因为烦恼太多，喜欢黑夜将自己融化的感觉，然后脱离尘世，如果能，那将再好不过。

三台令·不寐倦长更

不寐倦长更，披衣出户行。

月寒秋竹冷，风切夜窗声。

又是一夜，我虽然很疲惫却难以入睡，于是披上外衣独自
出外散步。清冷的月光拂过秋天萧瑟的竹，急风拍打窗户的声
响在夜晚回荡。我不知道想要做什么，我不知道能够做什么，
怎一个愁字了得。寒月凄凄，心中的苦闷只有随秋竹落落归寂
罢了。

谢新恩·樱花落尽阶前月

樱花落尽阶前月，象床愁倚薰笼。

远似去年今日，恨还同。

双鬟不整云憔悴，泪沾红抹胸。

何处相思苦，纱窗醉梦中。

一个人旧恨未减，新愁又添。一幅凄冷孤寂的画面：花已
落尽春已去，冷月当阶人独在。花难解语，月亦无声，闺中伊人，
孤苦相伴。

　　闺中少妇似乎看到了自己年华将逝、无人慰藉的凄冷境遇和未来。本来落花满地、冷月当空就是最易引人伤怀念远的景象，而此情此景中，女子的愁思更是无端而发。

　　时间越久，愁思越长，相距越远，别恨越深。

　　相爱的人不在身边。女子越思越痛、越想越难、越愁越苦，禁不住珠泪潸然，"泪沾红抹胸""何处相思苦？"梦中醉眼相见，也许欢情无限。可惜梦醒之后呢？想来，我现在的处境与此相同，我如何成了这般模样？

　　还记得大周后去世后的第一个春天，我独自度过。在这寂静之中，陪伴我的只有寂寞，只能凭空怀念当年，仿佛暮春此时已入秋天。

喜迁莺·晓月堕

　　晓月堕，宿云微，无语枕频欹。

　　梦回芳草思依依，天远雁声稀。

　　啼莺散，馀花乱，寂寞画堂深院。

　　片红休扫尽从伊，留待舞人归。

　　我大概又做梦了，这汹涌而来的思念，多情伤别，梦寐萦怀，晓月西沉，暮云渐上，一片祥和之色与梦回后的惆怅。在梦乡里，只见雁影渐飞渐远，却没有带来任何音信，所以我只得默默无言。秋天将要过去，雁声稀少，啼莺也纷纷振翅而去，似有别处风光更加迷人，总会比这残花乱舞的寂寞画堂有几分生气。

　　这时，好花十分可惜，惜花之人对此又是多么难堪，秋色已近，伊人赶快归来，以后再不远离。我的愁绪似乎无边无际。唯有文字告慰此生。

感怀·其一

又见桐花发旧枝，一楼烟雨暮凄凄。

凭阑惆怅人谁会，不觉潸然泪眼低。

感怀·其二

层城无复见娇姿，佳节缠哀不自持。

空有当年旧烟月，芙蓉城上哭蛾眉。

　　我害怕春去秋来，是因为思念成疾，不忍再去打扰那沉淀的愁思。

　　那时候桐花开放，唤起了我的忧伤。暮色烟雨，仿佛再现旧日的情景；鲜艳的桐花，又提醒了我过去的时光。

"凭阑惆怅人谁会？不觉潸然泪眼低。"夫妻间的情意，我无法向别人诉说，也无人可以理解，无人可以体会。伤痛只有独自咀嚼，除了泪水的流淌，似乎也无计可施。

孤单的人，害怕过节，别人成双成对，而"佳节"却引起我的无限哀戚。我穿行于空寂的宫殿之中，虽依然是宫娥侍女簇拥，虽然一样是金炉焚香、红锦铺地，可就是没有了相伴十年的你。

无意于四处环顾，楼台之外，都曾经是我们独处时的私语，这个节日唤起了往昔二人共赏的甜蜜，而今我只能叹息。

这些，都让我不能自拔，放生大哭，自此，我想要用热闹驱散这种孤单，却不想热闹过后又是孤单。

临江仙·庭空客散人归后

庭空客散人归后，画堂半掩珠帘。

林风淅淅夜厌厌，小楼新月，回首自纤纤。

春光镇在人空老，新愁往恨何穷。

金刀力困起还慵，一声羌笛，惊起醉怡容。

宴席散去，我还是一个人，这里只剩空荡的庭院，珠帘半掩，再也没有人前来。珠帘永远保持着那样的静止，似乎已经懒惰。

我无聊地听着外面的风吹，夜漫长，漫长的好像永远不会过去一样。回过头去，小楼月色依旧，只是人已不在。

也许，春光依旧明媚，而人却老去，春光并没有给我带来快乐，反而令我郁积心头，只好醉倒，没有力气地靠在窗边，也懒得起来。可不知道哪里来的羌笛声，惊醒了醉酒的我，让我再次思念无度。

或许，帝王难得如此多情，或许，帝王有情江山旧，我只是尘世中的一个词人，闲愁涌上心头，不会波澜不惊，只会多愁善感。

帝王或是词人，都将一江春水向东流。

幸与不幸，后人评

李煜存在的意义就是他的词已经超越了肉体，永久地存活了下来，他的艺术生命将永垂不朽。

作为一个帝王，李煜是不合格的，是失败的。但作为一个词人，他是伟大的，能立世的。

或许他的帝王之身，就是为了成就他成为一个伟大的词人。若不是经历亡国之痛，他就不会写出那些情真意切、从儿女情长上升到国家层面的词来。

李煜在文学艺术上的造诣，达到很高的水平。他的词不仅征服了汴京，更征服了整个宋朝。

他的词在晚唐五代词人中别树一帜，对后世词坛影响深远。他的文学造诣，可以说是在中国古代文学史上造就了一座伟岸的丰碑。

李煜的词意境优美，感情纯真，因纯情而缺少理性节制。语言浅白但自然、精练而又富有表现力，具有较高的概括性。

后世评论他的词，像西施和貂蝉，不加雕饰，也依然美丽。也有人把他的词和李清照比："男中李后主，女中李易安，极是当行本色。后主易安，真是词中之妖，恨二李不相遇。"

近代大学者王国维在《人间词话》中评论李煜的词："词至李后主而眼界始大，感慨遂深，遂变伶工之词为士大夫之词。"

作为词人，李煜担得起众多美溢之词。很多人说他的人生就是一个错位。但细想，如果他不是君王，只是一个寻常的词人，他能作出"四十年来家国，三千里地山河"那样气吞山河的词来吗？

他的君主身份与词人身份，相互牵连，缺一不可，才能成就一个伟大词人的一生。

李煜死后不久，宋太宗赵光义追赠他太师头衔，追封为吴王，以隆重的礼节葬于北邙山。

赵光义做这些并不全是虚情，也有真诚在里面。赵光义自己也爱作词赋诗，他懂得词学的艰辛，懂得欣赏李煜的词赋。

回想李煜短暂的一生，喜过，悲过，伤过，悔过。他把人生百味尝了一个遍。

他信佛，最能理解佛教的真谛。佛家讲究"空"，名利，生死，地位，一切都是虚幻的。但后世人还是说李煜至死都没有真正把"佛"看透，如果看透，他就不至于那么痛苦，整日在亡国的思绪里悲伤不已。作为君王的李后主死去了，但作为词人的李后主却因此获得了新生。

李煜可能是个不合格的皇帝，但是他的词却惊艳了海内外，引得文人们争相传诵，当时北宋的词风盛行"花间派"，词的内容，大多是风花雪月、儿女情长、男欢女爱之类的。李煜也摆脱不了这个模式，但他的词作注入了真实情感，无关乎辞藻华丽，无关乎形式对仗，这些，却是其他"花间派"词人所不能比的。

历来"愤怒出诗人""诗欲究后工"，寄人篱下的生活，让李煜有更深的感悟，远离家乡，国难家仇，家国破灭，沧海桑田，冷酷的人生骤变狠狠地打击了作为君王的李后主，却无意中升华了作为词人的李后主的情感。

君王与降虏，天壤之别。前后生活的残酷对比，迫使多愁善感又不失责任感的李后主痛悟前非。在对昔日君王生活的追忆中，在对今日臣虏生活的感慨中，他的词终于渐远渐深，提高到一种深邃开阔的境界。

子夜歌

人生愁恨何能免，销魂独我情无限。故国梦重归，觉来双泪垂。

高楼谁与上，长记秋晴望。往事已成空，还如一梦中。

好也罢，坏也罢，有也罢，空也罢，薄命君王也罢，绝代才子也罢，都随着一江春水向东流去。

斯人已逝，留下唯美词话，这些都是他用心、用血、用肉得来的。绝世才华，也可谓是一种生命的奇迹。

一个朝代告一段落，总会给人留下叹息与惋惜，南唐也如此，并非只有李煜的诗词歌赋，也有朝堂上铁骨铮铮的忠臣良将。

南唐建国初期本是一个疆土面积广大的强国富国，其疆域位于江南，跨今江西、安徽、江苏、福建、湖北、湖南之地，人口约 500 万。是当时长江以南经济繁荣、国力强盛、开放程度最高的国家。只是到了李璟执政时期，国力衰退，风雨飘摇。而到南唐后期，面对北方强国宋朝的压迫，李煜无力抗争，于是就沉湎于声色，寄情于佛门中，不问朝政。

李煜于政治上的无能和怯懦使得南唐不少忧国忧民的有志之士纷纷站了出来，以死相谏。

歙州进士汪焕冒死上《谏事佛书》："昔梁武事佛，刺血写佛书，舍身为佛奴，屈膝为僧礼，散发俾僧践。及其终也，饿死于台城。今陛下事佛，未见刺血践发，舍身屈膝，臣恐他日犹不得如梁武也。"

南唐朝臣、文学家韩熙载也针对李煜好佛行善、过于宽待囚犯上谏书："狱中诉讼乃有司之事，囹圄之中非车驾所应至，陛下有违禁例，请捐内帑钱三百万，充军资库用。"

南唐三朝元老的廖居素慷慨死谏，但李煜没有采纳他的任何谏言。廖居素失望万分，据陆游《南唐书廖居素传》记载，廖居素"闭门却食，朝服衣冠，立死井中"。

廖居素死后，家人在整理遗物时，发现他留下一封绝命书，书上有他的死因："吾之死，不忍见国破而主辱也！"

廖居素死后，不少学士纷纷祭拜。南唐集贤殿学士徐锴特撰文吊廖居素，称他为伍员、屈原。据《南唐书》记载："徐锴为文吊之。以比屈原伍员，后几百年。将乐父老犹叩头称之，盱江李觏为之传云。"

南唐大将军林仁肇勇猛无敌，他身为将帅，却与将士同甘共苦，因此深得军心。李煜继位后，林仁肇忠心耿耿，为国家尽职尽责。因为林仁肇武艺高强，有勇有谋，宋太祖赵匡胤对他非常忌惮，使用反间计加害于他，导致李煜怀疑他，林仁肇被夺官贬斥，自缢于家中。

南唐三朝元老萧俨个性刚烈，喜欢直来直去。他看不惯李煜继位后的奢靡生活与终日沉湎佛教的行为。陆游的《南唐书》中记载了这样一件事：俨贬舒州副使，俄召还。后主初嗣位，数与嬖幸弈棋。俨入见，作色，投局于地。后主大骇，诘之曰："汝欲效魏征耶？"俨曰："臣非魏征，则陛下亦非太宗矣。"后主罢弈。

翻译成白话文大概意思是：萧俨被贬为舒州副使，但没过多长时间，便又被召回京城。那时李煜刚登基不久，竟终日与嫔妃下棋对弈，不理朝政。萧俨得知后，冲破禁军的阻挡，径直入宫觐见李煜，看到李煜在与人下棋后，愤怒得将棋盘掀翻在地。李煜看得一愣，好一会儿后才说道："你以为你是魏征吗？"萧俨也毫不客气地回答道："我当然不是魏征，陛下也不是唐太宗。"李煜听后，停了下来，不再下棋。

陈乔，南唐中主李璟倚仗的重臣，任太子监国。李煜继位后，总领南唐军政大事。宋军围困金陵，城破国灭就在眼前。无奈之下，李煜写好了降书，让陈乔呈给宋军主帅。

陈乔接过降书，回家后将其捣毁。又复入宫中，对李煜哭道，自古以来投降的亡国之君，从来没有什么好下场。不如召集臣民背城一战，这才对得起祖先和子民。

然而，李煜不答应收回降书，只是夸赞陈乔是赤胆忠心的大臣。陈乔见李煜主意已定，最后一次拜道："既然如此，不如将我赐死，再把所有忤逆北宋的行为都推到我的头上。这样你到了汴京后，也不至于被北宋君臣嫉恨。"

李煜不允，郁郁而去。

陈乔见状，自己来到政事堂，自缢而亡。

当李煜及其臣子被押解至汴京，赵匡胤质问李煜重臣陈乔为何不同往宋朝，李煜将其原委悉数告知。赵匡胤听后感叹："南唐虽小，却有陈乔这样的诤臣。"于是下诏厚葬陈乔，入无锡乡贤祠。

南唐，一个以风流文采流芳于世的国家，在外部乱世的战争和内部朝堂的党争中，逐步由盛而衰。不管君主犯多少错误，不管朝臣才德是否匹配，朝中像陈乔这样一批可怜又可敬的忠孝之臣，都是值得我们尊敬的。

南唐有着太多的华丽与美丽，也有着太多的不堪与腐朽，但无论是非得失，最后留给世人的，都只是一场令人扼腕叹息的历史回忆。